Ruth Hawkey

Für Kinder beten

Segen und Heilung für Kinder erbitten

cap-books

Bestell-Nr.: 52 50413
ISBN 978-3-86773-006-8

cap-books by cap-music
Oberer Garten 8
D-72221 Haiterbach-Beihingen
www.cap-music.de

Übersetzung: Birgitta Baumann

Bibelzitate: Lutherbibel, revidierter Text 1984

Originally published in English under the title:
Praying For Children

Published by New Wine Press
PO Box 17
Chichester
West Sussex PO20 6YB
England

Umschlaggestaltung: spoon design
Druck: Schönbach Druck, Erzhausen

Inhalt

Vorwort

In unserer heutigen Gesellschaft, mit ihren vielen Verunsicherungen und modernen Problemen, ist es für uns eine dringende Frage, wie wir einen Weg finden können, um für unsere Kinder ein stabiles und sicheres Lebensumfeld zu schaffen. Darüber hinaus brauchen wir ein Angebot an kindgerechten Einrichtungen, für den Fall, dass etwas schief läuft.

Da die meisten von uns nur noch in kleinen „Kernfamilien" leben, haben viele Kinder den oft tragenden Familienverbund verloren. Wenn früher ein Kind in einer Familie Schwierigkeiten hatte, dann bemerkten oft Großeltern oder Verwandte das Problem und sie kümmerten sich um das Kind und halfen, so gut sie nur konnten.

In einem Bericht der Zeitung *The Times* vom 8. Mai 1997 heißt es interessanterweise:

> *Wissenschaftler bestätigen, was Eltern schon immer wussten: Großeltern sind unverzichtbar, wenn es darum geht, Kinder aufzuziehen. „Kinder zu bekommen ist ein Risiko und eine erreichbare Großmutter reduziert das Risiko", sagt Professor Kirkwood.*

Weil sich die Struktur der Familie in unseren Tagen so rasant und oft auch negativ verändert, fällt der christlichen Gemeinde eine größere Rolle in der Unterstützung der Kinder zu. Zum einen muss sie sich der Art von Schädigungen bewusst werden, unter denen Kinder leiden können und andererseits muss sie die Fähigkeit besitzen, verständig in die kindlichen Problematiken hineinzubeten. Es ist ihre Pflicht, den Kindern zu helfen, damit sie in ihr ursprüngliches Heilsein zurückfinden.

Dieses Buch möchte für alle diejenigen eine Hilfe sein, die nicht nur die Notwendigkeit erkennen, für die anvertrauten Kinder zu beten, sondern darüber hinaus auch weitere Lehre wünschen, um zukünftig mit mehr Kompetenz beten zu können. Auch für Eltern, Verwandte, Kindermitarbeiter in der Gemeinde, Lehrer an weltlichen Schulen, Jugendmitarbeiter und Fürbitter kann dieses Buch nützlich sein. Es ist das Ergebnis einiger Seminare, auf denen wir in verschiedenen Teilen der Welt zum Thema „Gebet um Heilung für unsere Kinder“ lehrten. Die Zuhörer baten uns, ihnen unsere Ausführungen in schriftlicher Form zu überlassen, als zukünftige Hilfe und Nachschlagemöglichkeit.

Möge dieses Buch ein Hilfe für viele sein!

Kapitel 1

Was brauchen Kinder für eine gesunde Entwicklung?

Kinder können bezaubernde, unartige, lustige, frustrierende kleine Geschöpfe sein oder auch Engel in Kleinformat oder winzige Teufel, abhängig von Tageszeit, Seelenzustand und der Tatsache, ob ihre Eltern über Engelsgeduld verfügen oder gerade als Opfer totaler Erschöpfung am Boden liegen!

Kinder kennen im Allgemeinen keine Hinterlist. Ein kleiner sechsjähriger Junge in meiner Schulklasse fragte mich eines Tages besorgt, ob ich mich sehr müde fühle. In der Annahme, er sei ein besonders freundliches, aufmerksames Kind ließ ich mich schnell in mein Selbstmitleid fallen und sagte mit ziemlich erbärmlicher Stimme: „Ja, Daniel, ich bin müde. Woran hast du das gesehen?" Seine Antwort kam ganz schön unerwartet: „Weil Ihre Augen knallrot und verschmiert sind!" Ich brauche nicht zu erwähnen, dass es an diesem Tag ab da mit mir nur noch abwärts ging! Ein anderes Kind kam eines Morgens an mein Pult und sagte: „Sie riechen aber heute ganz toll!" Während ich noch versuchte, mich verzweifelt daran zu erinnern, ob ich heute Parfüm benutzt hatte, murmelte ich schwach: „Oh, danke, Jack. Das ist sehr lieb von dir!". „Ja", sagte er, „Sie riechen wie eine reife Banane!"

Der Bibel nach werden Kinder als eine Gabe Gottes beschrieben, eine Gottesgabe an ihre Eltern, ihre Familie, Verwandtschaft und an die Gemeinde.

„Es sind die Kinder, die Gott deinem Knecht beschert hat.", heißt es in 1. Mose 33, 5. Gottesgaben werden sie genannt, damit sie mit Freuden empfangen und geliebt werden – so wie sie sind. Und sie sind mit großem Verantwortungsbewusstsein und sehr behutsam zu behandeln. Weiterhin werden Kinder noch als Erbe bezeichnet.

> *„Siehe, Kinder sind ein Erbe vom Herrn, und die Frucht deines Leibes ist eine Belohnung."*
>
> Psalm 127, 3 (nach New King James Version)

Und sie sind die Krone alter Menschen!

> *„Der Alten Krone sind Kindeskinder."*
>
> Sprüche 17, 6

Sie müssen lediglich einen Großvater beobachten, der hingegeben sein dreijähriges Enkelkind auf den Knien schaukelt, um die Wahrheit dieser Aussage zu erkennen!

Gott schuf nach seinem vollkommenen Plan eine sichere und bergende Familienstruktur, in der Kinder Schutz, Geborgenheit und Vertrauen finden sollen. Dinge, die jedes Kind braucht, um zu wachsen und sich so zu entwickeln, wie Gott es beabsichtigte. Er wollte eine starke, göttliche Verbundenheit zwischen Eltern und Kind entstehen lassen und die Nabelschnur steht symbolisch dafür. Durch diese

Schnur und die Verbundenheit, die sie darstellt, sollen bereits im Mutterleib gute Gaben in das Kind fließen. Diese göttliche Beziehung soll das Kind weiterhin nähren und liebevoll hegen, in einer einzigartigen Familienzugehörigkeit, in die es eingebunden ist.

Zu der vom himmlischen Vater vorgesehenen Nahrung und Pflege soll Folgendes gehören: Ein tiefes Gefühl von Sicherheit, in dem das Kind ohne Angst vor Versagen oder Bestrafung Dinge ausprobieren und sich entwickeln kann, sowie die Gewissheit, mit seinem inneren Wert und in seiner ganzen Kostbarkeit angenommen zu sein. Eine ständige und oft unausgesprochene Anerkennung: „Du bist besonders, weil du bist, der du bist; nur weil du du bist – ein Teil unserer Familie." Gott wollte, dass dem Kind ununterbrochen Ermutigung und Anerkennung zufließt: „Das hast du gut gemacht. Mir gefällt, wie du das machst." „Ausgezeichnet. Du bist ein richtiger Segen für uns."

Kinder haben eine ganze Reihe von Grundbedürfnissen. Zwei davon sind das Bedürfnis, geliebt zu werden und das Bedürfnis nach persönlicher Wertigkeit. Kinder müssen tief in ihrem Innersten wissen, dass sie für die Eltern, denen sie anvertraut wurden, der größte Schatz sind. Im Allgemeinen befriedigt die Mutter bei ihrem Kind das Bedürfnis nach Liebe, während der Vater für die persönliche Wertigkeit sorgt, obwohl auch beide zusammen, in einem mehr oder weniger intensiven Umfang, diese Maßstäbe setzen. Es ist bezeichnend, dass, gemäß der Bibel, ein Ehemann das Bedürfnis seiner Frau nach Liebe abdecken soll: *„Ihr Männer, liebet eure Frauen"*, während umgekehrt die Frauen für das Bedürfnis ihrer Ehemänner nach persönlicher Wertigkeit, Ehre und Respekt zuständig sind: *„Ihr Frauen, ehret eure Männer."* Als Mütter und Väter geben beide dann diese guten Gaben, die sie voneinander empfangen, an ihre Kinder weiter.

Vom Augenblick der Empfängnis an ist Gottes Wesen in den Geist eines Kindes gezeichnet, denn Gott war an seiner Schöpfung beteiligt. In Psalm 139, 13 wird es so ausgedrückt:

> *„Denn du hast meine Nieren bereitet und hast mich gebildet im Mutterleibe...“*

Zwei wichtige Fragen ergeben sich:
- Wie wird das Wesen Gottes in einem Kind entwickelt, während es heranwächst?
- Woher nehmen Kinder ihre Vorstellung von Gott?

Die Antwort auf beide Fragen lautet, dass sie ihre Vorstellung von Gott mehr oder weniger von den Eltern übernehmen, und zwar besonders vom Vater. Darum ist der Einfluss des Vaters lebensnotwendig. Gemäß der Studie *Leading Lads*, die vom einem Wohltätigkeitsverein namens *Young Voice* durchgeführt wurde, ist ein männliches Vorbild lebenswichtig für das Selbstbewusstsein und Selbstvertrauen des Kindes. In der Studie befragte man 1.400 Jungen im Alter zwischen 13 und 19 Jahren und fand heraus, dass die Väter immer noch eine Schlüsselrolle im Leben der Söhne spielen. Die drei väterlichen Qualitäten, die ihnen am meisten halfen, waren:

- sich Zeit nehmen für Kinder
- bereit sein, Probleme mit ihnen durchzusprechen
- sich für die Arbeit der Kinder interessieren

Das Bild des himmlischen Vaters, das der irdische Vater in sie hineinlegt, wird entweder das wahre Abbild Gottes sein oder ein verzerrtes Bild. Wenn beispielsweise der Vater sehr häufig nicht zu Hause ist oder abends sehr lange arbeiten muss, kann das Kind den Eindruck bekommen, dass auch Gott niemals für es da ist oder zumindest kein ständiger Zugang zu ihm besteht.

Es kann passieren, dass ein Kind einen sehr strengen Vater hat, wie bei einer Frau, deren Vater Oberfeldwebel war. Mit sechs Jahren hatte sie ihr Schlafzimmer so sauber zu halten wie den sprichwörtlichen Paradeplatz, auf dem es nicht die geringste Unordnung geben darf. Jeder Freitagabend war traumatisch für sie, denn dann war die Inspektion ihres Zimmers und auch ihrer eigenen Person fällig. Sie wuchs in dem Glauben auf, dass Gottes Wesen ähnlich sein muss – ein Gott, der ihr ständig über die Schulter schaut und sie regelmäßig verurteilt und der dann wieder versöhnt werden muss, koste es, was es wolle.

Wenn ein Kind vom eigenen Vater missbraucht wird, ist das ein großes Unglück und hat die verschiedensten Rückwirkungen auf sein Gottesbild. Irgendwo, versteckt in seinem Unterbewusstsein, setzt sich die Überzeugung fest, dass, ganz gleich wie nett Gott auch scheinen mag, irgendwann der Tag kommen muss, an dem auch er es missbrauchen wird. Es kann auch ein Kind mit einem Vater aufwachsen, der gemischte Botschaften sendet, wie bei der Pastorentochter, mit der ich betete, die ihren Vater als wundervollen Evangelisten in der Kirche erlebte und der zu Hause ihre Mutter verprügelte. Das pflanzte in ihr Herz ein tiefstes Misstrauen gegen Gott, den himmlischen Vater. Ihre große Frage lautete: „Kann ich Gott vertrauen oder wird er sich als Heuchler erweisen, so wie mein Papa?"

Wenn das vom irdischen Vater geprägte Gottesbild mit dem Gottesbild kollidiert, das der Heilige Geist wirken möchte, dann wird sich das Kind höchstwahrscheinlich vom wahren Bildnis Gottes abwenden und der Vorstellung folgen, die der irdische Vater vermittelt hat. Die Geschichte vom verlorenen Sohn ist sehr anschaulich, um Kindern zu helfen, ein wahres Bild von Gott zu entwickeln – so er wirklich ist. Und doch kann es eine Zeit lang dauern, bis alle gespeicherten Irrtümer gegen die Wahrheit ausgetauscht sind. Damit müssen wir rechnen. Jesus zeichnet in dieser wunderschönen Geschichte das Bild eines Vaters, der gnädig ist, großzügig, liebend, weise, vergebend, annehmend und nahbar. Natürlich können wir dabei auch immer auf die Tatsache hinweisen, dass Jesus von sich selbst sagt: „Wer mich sieht, der sieht den Vater."

Ein weiteres wichtiges Gebiet für jedes Kind ist Ernährung und Versorgung. Beides wird meist durch die Mutter abgedeckt. Die Geschichte von Salomo und den beiden Frauen, die darum stritten, wessen Kind noch lebt, ist hochinteressant. Wahre Mütter werden immer ihre eigenen Ansprüche zurückstellen, um ihre Kinder zu versorgen und deren Bedürfnisse zu stillen. Das finden wir auch in dieser Geschichte, die im 1. Buch der Könige 3, 16-28 aufgezeichnet ist.

Kinder, die gestillt werden, finden an der Brust der Mutter Liebe und die notwendige emotionale Nahrung, zusammen mit der Milch, die sie für ihre körperliche Entwicklung brauchen. In der Geborgenheit der mütterlichen Arme wird ein Kind genährt und körperlich gesättigt, während es gleichzeitig die liebende Zuwendung erhält, die Gott für es vorgesehen hat. Die Arme einer Mutter stoßen nicht weg, sondern halten geborgen.

Natürlich hat ein Kind zuerst einmal körperliche Bedürfnisse, die befriedigt werden müssen. Unter anderem braucht es Nahrung, Trinken, Ruhe, Aktivität, Training, Unterhaltung, Kleidung, Berührung, Umarmung. Man sagt, dass mangelnde mütterliche Fürsorge die geistige Gesundheit eines Kindes gefährdet und sein nacktes Überleben bedroht. Zusammengefasst muss für ein Kind Folgendes zur Verfügung stehen:

- **Sicherheit:** „Hier ist ein sicherer Ort, an dem du ganz du selbst sein kannst. Wir werden immer für dich da sein."
- **Liebe:** „Wir lieben dich."
- **Selbstwert:** „Du bist uns alles wert; ganz unabhängig von deinem Verhalten."
- **Annahme:** „Wir nehmen dich an, wie du bist; dein Aussehen, deine Art und deine Fähigkeiten."
- **Ermutigung:** „Du schaffst das; wir finden dich wunderbar."
- **Wertschätzung:** „Wir schätzen deine ganz eigene Persönlichkeit."

Genauso wichtig wie körperliche und emotionale Nahrung ist für ein Kind die geistige Nahrung. Lukas, der Arzt, sagt von Johannes, dem Täufer: „*Das Kindlein wuchs und wurde stark im Geist.*" (Lukas 1, 80) und später: „*Jesus nahm zu an Weisheit, Alter und Gnade.*" (Lukas 2, 52). Kinder müssen geistig ebenso genährt werden wie körperlich und emotional, doch die Frage scheint zu sein: „Wie ernähren wir denn den Geist eines Kindes?" Die erfreuliche Nachricht lautet: Von guten Eltern, Verwandten und Lehrern kommt das auf ganz natürliche Weise. Sie klatschen automatisch in die Hände, wenn ihrem Kind etwas gelingt;

ihre lobenden Worte fallen direkt in den Geist des Kindes. Sie sprechen die Wahrheit göttlicher Worte in ihr Kind und sorgen für Zeiten wahrer Kreativität, in denen Musik, Kunst und die Erforschung der eigenen Umwelt gefördert werden. Ständig fallen ihnen Möglichkeiten ein, das Kind aufzubauen, anstatt es in seinem Selbstwertgefühl herabzusetzen.

Vielleicht ist dies der richtige Zeitpunkt, den Begriff **Abdeckung** zu erwähnen. Es entspricht Gottes Plan für Kinder, dass sie in Sicherheit leben und auch wissen und spüren, dass sie geschützt werden. Das gilt besonders für die frühen Jahre, denn der Geist eines Kindes ist in dieser prägenden Zeit sehr sensibel, offen und verletzlich. Damit das gut gelingen kann, braucht es göttliche Abdeckung. Eine Frau, deren Vater im Krieg umgekommen war, litt unter schlimmen Ängsten. Der Heilige Geist zeigte ihr, dass damals, als ihr Vater starb, sie ihren Schutz verloren hatte und das führte zu der furchtbaren Angst und zu den Panikattacken, die sich bis in ihr Erwachsenenleben hineinzogen.

In der Kindheit ist nichts notwendiger als das sichere Wissen um den Schutz des Vaters. Wenn der Vater ganz fehlt oder nur selten anwesend ist, entwickelt ein Kind sich meist zu einem unsicheren, ängstlichen und von Furcht gequälten Erwachsenen. Ein junges Mädchen, das im Alter von fünf Jahren vom Vater verlassen wurde, entwickelte sich zu einem sehr sensiblen, verunsicherten Teenager. Starke Ängste und ungewöhnliche Furchtsamkeit beherrschten ihr Leben. Dies konnte letztlich darauf zurückgeführt werde, dass sie in einem besonders verletzlichen Alter den Schutz des Vaters verlor.

Auch auf geistlichem Gebiet ist die Abdeckung durch

einen Elternteil sehr wichtig, bis ein Kind zur erwachsenen Persönlichkeit heranreift ist. Nach 1. Korinther 7, 14 wissen wir:

> *„Denn der ungläubige Mann ist geheiligt durch die Frau und die ungläubige Frau ist geheiligt durch den gläubigen Mann. Sonst wären eure Kinder unrein; nun aber sind sie heilig."*

Allerdings kommt die Zeit, in der die Eltern ihr Kind in sein eigenes Erwachsensein entlassen müssen. Wieder kann uns auch hier die Geschichte vom verlorenen Sohn helfen, denn nicht immer ist das ganz einfach für die Eltern. Unser freier Wille ist eine sehr kostbare und gottgegebene Gabe und unausweichlich naht der Zeitpunkt, an dem ein Kind erwachsen werden muss, um seinen eigenen Weg zu gehen und die eigene Spur zu finden.

Geistliche Nahrung allein genügt nicht, ein Kind braucht auch gottgemäße Ordnungen, um auf positive Weise zu wachsen und sich zu entwickeln. Im Buch der Sprüche finden Eltern manchen guten Rat dazu:

> *„Gewöhne einen Knaben an seinen Weg, so lässt er auch nicht davon, wenn er alt wird."* Sprüche 22, 6

Und:

> *„Wer seine Rute schont, der hasst seinen Sohn; wer ihn aber lieb hat, der züchtigt ihn beizeiten."*
> Sprüche 13, 24

Oder die Bestätigung:

> *„Rute und Tadel gibt Weisheit; aber ein Knabe, sich selbst überlassen, macht seiner Mutter Schande."*
> Sprüche 29, 15

Wir dürfen nie vergessen, dass göttgemäße Ordnungen und Korrekturen zwar notwendig sind, aber es nie darum geht, den Willen eines Menschen zu brechen, sondern dass der Wille geübt und auf Gottes Wesen hin ausgerichtet wird. Eine bedingungslos liebendes Herz ist hier die Grundhaltung.

Weise Eltern werden immer das persönliche Temperament und die Motivation ihres Kindes verstehen und mitbedenken, wenn es um erzieherische Maßnahmen geht und dann ihr Handeln entsprechend anpassen. Wenn wir Kinder erziehen und lehren, müssen wir uns um den richtigen Zugang zu ihrem ganz persönlichen Wesen bemühen, denn Kinder empfinden sehr unterschiedlich.

Gemäß Römer 12, 3-8 kann man davon ausgehen, dass Gott auch in Kinder eine bereits sichtbare Gabe anlegt, so wie er das bei Erwachsenen offensichtlich tut. Diese Verse sprechen von den sieben Gnadengaben: Prophetie, Dienen, Lehren, Ermahnen, Geben, Verwalten und Barmherzigkeit üben. Ganz wichtig ist es, die grundlegende Gabe des Kindes zu erkennen und die Erziehung auf den Bereich dieser Begabung auszurichten.

Der Geist eines Kindes kann zutiefst verwundet werden, wenn Eltern ein Kind sehr streng disziplinieren, ohne seine Temperament und seine Gaben zu verstehen. Wenn zum Beispiel die natürliche Gabe des Kindes auf dem Gebiet der „empfindsamen Barmherzigkeit" liegt, werden barsches Schimpfen oder Schläge zu schmerzhaften Wunden führen.

Glenn Clark, ein begnadeter Lehrer zum Thema Gebet, bestätigt, dass jedes Kind mit „versiegelten Aufträgen" zur Welt kommt. Jedes menschliche Wesen hat eine einzigartige Bestimmung zu erfüllen und ein Teil des elterlichen Auftrages besteht darin, dem Kind bei der „Entsiegelung" seines eigenen, ganz besonderen Auftrags zu helfen. Das Kind soll entdecken, was in ihm steckt, was es sein kann und tun soll. Wir müssen den kleinen Menschen für den Weg zubereiten, den er oder sie gehen sollen, denn jedes Kind ist unterschiedlich gestaltet und einzigartig in seinem Charakter.

Harold Dewberry schreibt in seinem hilfreichen Erziehungsbuch „Eins und eins ist drei", man müsse drei Bereiche beachten:

- Anweisung
- Warnung
- Korrektur

Der erste Bereich lautet **Anweisung**. Ein Kind braucht genaue Aussagen darüber, was erlaubt werden kann und was nicht. Es gibt zwei Arten von Anweisungen: das gelebte Vorbild und die konkrete Unterweisung. Eltern, Kindermitarbeiter und Großeltern sind absolut wichtige Vorbilder für ein Kind. Hier spricht das, was du bist, lauter als jedes Wort. Die Macht des Vorbilds der Eltern bewirkt mehr in der Erziehung als irgend etwas sonst. Wenn ein Kind beobachtet, wie Vater und Mutter in respektvoller Atmosphäre miteinander leben, dann lernt es ganz ohne Worte, andere zu respektieren.

Dennoch müssen wir Kindern manchmal auch genaue Anweisungen geben, damit sie den Unterschied erkennen zwischen dem, was richtig ist und dem, was falsch ist, sie müssen verstehen, was erlaubt werden kann und was nicht. Das Kind braucht verlässliche Regeln, nach denen es sich richten kann. Nur so kann es wissen, was annehmbares und was unannehmbares Verhalten ist. Hierbei geht es um die Entwicklung einer rechten Herzenshaltung im Kind und die entsteht am Besten, wenn wir miteinander sprechen und freundschaftlich miteinander umgehen. Es mag Zeit und Geduld von uns erfordern, einem Kind zu erklären, was wir in gewissen Situationen von ihm erwarten und doch es ist unbedingt notwendig und lohnt Zeit und Aufwand.

Ein Kind braucht Anweisung in ganz praktischen Dingen (wie der Tisch gedeckt wird, wie man Schuhbänder bindet usw.). Genauso muss es wissen, was im Zusammenhang mit moralischen Werten von ihm erwartet wird: Wahrhaftigkeit, Respekt und dergleichen. Auch hier ist es nötig, dass wir genau erklären, was wir erwarten. Angemessene Grenzziehung und feste Regeln gewinnen an Bedeutung. Auf drei Ebenen braucht ein Kind ausführliche Anweisung: Gehorsam, Respekt und Verantwortungsbewusstsein.

Der zweite Bereich der Erziehung betrifft die **Warnung,** wenn das Kind die Grenzen überschreitet, die vereinbart waren. Wenn beispielsweise ein Kind beschließt, sich gegen Vorbild und Anweisung der Eltern aufzulehnen, dann ist es nur fair, das Kind ganz klar zu warnen. Am besten und wirkungsvollsten wird dabei das Gewissen des Kindes angesprochen. Uns selbst sollten wir allerdings auch einige Fragen stellen:

- Waren meine Anweisungen klar verständlich?
- War das Verhalten einfach nur kindisch oder war es wirklich rebellisch?
- Hat das Kind auf mein Verhalten reagiert?
- Habe ich seine Gefühle verletzt und damit die Reaktion aus Schmerz oder Zorn hervorgerufen?

Ein Kind sollte nur einmal gewarnt und dann korrigiert werden, sonst werden zukünftige Warnungen zuerst einmal in den Wind geschlagen.

Der dritte Bereich ist die **Korrektur.** Wie wir bereits gesehen haben, wird von allen Büchern der Bibel in den Sprüche am meisten von Korrektur als Mittel zur Erziehung geredet. Die Art und Weise, in der wir korrigieren, ist ausschlaggebend für die zukünftigen Beziehungen in der Familie. Wenn irgend möglich, sollte das Kind die eigene Verantwortung erkennen, wenn es um seine Grenzüberschreitung geht. Es sollte möglichst auch nicht vor anderen korrigiert werden. Öffentliche Erniedrigung und Beschämung sind eindeutig nicht göttlich. Darüber hinaus darf ein Kind nicht zu streng korrigiert werden und die Eltern müssen darauf achten, nach jeder Korrektur auch Trost und Geborgenheit anzubieten.

Gottes Wort sagt, dass sich Torheit im Herzen eines Kindes festsetzt, während göttgemäße Erziehung und Korrektur nicht den Geist und Willen des Kindes brechen möchten. Ganz im Gegenteil: Geist und Wille sollen gefördert und in Gottes Wege gelenkt werden. Im ersten Buch der Könige 1, 6 lesen wir von König David und seinem Sohn Adonija:

„Und sein Vater hatte ihm nie etwas verwehrt sein Leben lang, dass er gesagt hätte: Warum tust du das?“

Wie es scheint, war das dem jungen Mann eher zum Schaden! Wirklich gute Erziehung verkörpert die Haltung eines Vaters:

„Denn ihr wisst, dass wir, wie ein Vater seine Kinder, einen jeden von euch ermahnt und getröstet und beschworen haben...“
1. Thessalonicher 2, 11+12

Wir erkennen also die außerordentliche Bedeutung der Vater- und Mutterrolle, wenn es um Ernährung und Versorgung des Kindes nach Geist, Seele und Leib geht. Korrektur muss, wann immer sie nötig ist, verständig angewandt werden. Nur so wird das Kind nach Gottes Wünschen und Plänen heranwachsen und sich zu dem Menschen entwickeln, den Gott schon längst in ihm sieht.

Nicht vergessen sollten wir dabei, dass der Teufel ständig versucht, Gottes Pläne für die Familie zu verderben. Er verführte Adam und Eva zur Sünde und Gott verfluchte Satan in 1. Mose 3, 15:

„Und ich will Feindschaft setzten zwischen dir und der Frau und zwischen deinem Nachkommen und ihrem Nachkommen; der soll dir den Kopf zertreten, und du wirst ihn in die Ferse stechen.“

Von dem Augenblick an war es Satans Plan, die Kinder der göttlichen Verheissung zu zerstören, damit dieser Gottesfluch nicht eintrete. Mit allen Mitteln will er unsere Kinder bestehlen, töten, verführen, gefangennehmen und kaputt machen. Jesus sagt, dass Satan ein Mörder war von Anbeginn und es ist uns bekannt, dass Satan hinter dem ersten Mord der Bibel steckte, als Abel seinen Bruder Kain tötete. In 1. Mose 4, 7 warnt Gott Kain: „*Die Sünde lauert vor der Tür...*“. Satan raubte Adam und Eva beide Kinder: das eine durch Tod, das andere durch Trennung und Fluch.

Auch hinter dem Mord an den hebräischen Neugeborenen sehen wir Satans Hand:

> *„Wenn ihr den hebräischen Frauen helft und bei der Geburt seht, dass es ein Sohn ist, so tötet ihn; ist's aber eine Tochter, so lasst sie leben...“*
>
> 2. Mose 1, 16

Unzweifelhaft steckte Satan auch hinter dem Mordversuch an Mose, als er noch ein Säugling war, ebenso an dem Mordversuch an Joseph, als er dessen Brüder anstiftete, alles zu versuchen, um Joseph zu vernichten. 2. Könige 11 erzählt die Geschichte von Atalja, der Tochter Isebels, die von Satan angestiftet wurde, ihre Enkelkinder zu töten. Wir erfahren, dass einzig Joasch überlebt. Wenn wir das Leben Jesu anschauen, erkennen wir, dass Satan häufig versuchte, ihn zu töten. Beispielsweise kurz nach seiner Geburt durch König Herodes und dann später durch die Pharisäer und Sadduzäer, die ihn zu Tode steinigen wollten.

Die Drohung, „Satans Kopf zu zertreten“, erweiterte sich an jenem Tag auf Golgatha, denn alle Christen sind Teil der „Saat“ Jesu:

> *„Und der Drache wurde zornig über die Frau und ging hin zu kämpfen gegen die übrigen von ihrem Geschlecht, die Gottes Gebote halten und haben das Zeugnis Jesu."*
>
> Offenbarung 12, 17

Wir können nur für Gottes Zusage im Römerbrief danken:

> *„Der Gott des Friedens aber wird den Satan unter eure Füße treten in Kürze."*
>
> Römer 16, 20

Einige Menschen sehen auch Satans Machenschaft hinter dem gegenwärtigen Anstieg von Abtreibungen und Kindesmissbrauch in unseren Tagen, denn ständig setzt der Feind alles daran, Gottes Pläne und Bestimmungen zu behindern. Er versucht, die Familienstrukturen zu zerstören, unsere Kinder in Rebellion zu führen, ihnen Unterstützung und Versorgung zu rauben, die kindliche Unschuld zu stehlen und den elterlichen Schutz zu nehmen.

Kapitel 2

Wieso nehmen Kinder Schaden an ihrem Geist?

Im Laufe ihres Lebens können Kinder aus vielen Gründen verletzt, geschädigt und verwundet werden und wir wollen einige dieser Gründe im folgenden Kapitel betrachten.

Sünden der Eltern in Ausübung ihrer elterlichen Aufgabe

Eltern, die ihren Kindern die von Gott vorgesehene Versorgung, Abdeckung und Erziehung vorenthalten, können ihren Kindern bewusst oder unbewusst Verletzungen und Schäden zufügen.

Ein Beispiel: Ein Mann plünderte häufig das Sparschwein seines Kindes, um das Geld für Alkohol und Zigaretten auszugeben. Das löste in dem Kind eine tiefe Wut gegen den Vater aus. Ein Kind zu belügen kann ebenso irreparable Schäden verursachen, besonders wenn das immer wieder passiert. Wir alle machen Fehler, aber einige Eltern sündigen **bewusst** gegen ihre Kinder. Das kann durch jegliche Art von Missbrauch oder Vernachlässigung geschehen oder dadurch, dass vorsätzlich körperliche Verletzungen zugefügt werden.

Erlerntes Verhalten

Kinder übernehmen das Vorbild ihrer Eltern, deshalb können Eltern hier massiv schuldig werden. Wenn ein Kind seine Eltern sündigen sieht, wird es annehmen, dass das, was für die Eltern in Ordnung ist, auch für es selbst in Ordnung sein muss. Soll ein Kind an der Haustüre behaupten: „Meine Eltern sind nicht zu Hause!“ – wenn jemand mit einer Rechnung klingelt oder Freunde sich melden – dann lernt das Kind daraus, dass kleine Notlügen auch sonst ganz in Ordnung sind. Das kann manchmal sehr ernste Folgen haben. Wir nennen diesen Vorgang Absorbierungsprozess. Die Schrift beleuchtet den wichtigen Einfluss, den die Atmosphäre im Elternhaus auf ein Kind ausübt. 1. Könige 15, 11 und 26 berichten von den unterschiedlichen Vorbildern, die Asa und Nadab in sich aufnahmen:

> *„Und Asa tat, was dem Herrn wohl gefiel, wie sein Vater David.“*

Während Nadab

> *„…tat, was dem Herrn missfiel, und wandelte im Weg seines Vaters und in seiner Sünde.“*

Als Vorbilder sind auch Großeltern für kleine Kinder sehr wichtige Personen. Sie müssen sich sehr bewusst fragen, was das Kind aus ihrer Art zu leben und ihrem Verhalten lernt.

Sünden der Kinder

Ursprünglich tragen wir alle Sünde in uns – und das betrifft auch unsere Kinder – ob wir es nun sehen wollen oder nicht! Es erscheint uns nicht vorstellbar, dass unser süßes, kleines Baby, das so sehr dem Papa gleicht, auch genauso sündig ist wie sein Vater. Sag nur einmal „Nein" zu ihm, wenn es in einem verständigen Alter ist, dann wird man nicht mehr übersehen können, dass dieses kleine, unschuldige Baby die gleichen Probleme hat wie wir alle!

Sünden anderer Menschen

Höchstwahrscheinlich werden auch andere Menschen absichtlich oder unabsichtlich unsere Kinder im Laufe ihres Lebens verletzen. Wir können nur hoffen, dass diese Wunden minimal sind und leicht wieder heilen, nicht so wie bei dem Mädchen im Teenageralter, das von seinem Onkel missbraucht worden war. Oder wie bei einem anderen Mädchen, das bei einem christlichen Ehepaar als Babysitter aushalf. Es waren Freunde ihrer Adoptiveltern. Leider missbrauchte der Ehemann sie häufig bei ihren Besuchen. Das Mädchen erklärte es sich selbst damit, dass sie ja nur ein Adoptivkind war. Das war ihre einzige Möglichkeit, Sinn in die Vorfälle zu bringen. Warum sonst würden ihre Adoptiveltern so etwas erlauben?

Auch andere Autoritätspersonen können ebenfalls viel Schaden verursachen. Zum Beispiel alle, die eine Position „an Elternstatt" einnehmen, wie Lehrer oder selbst kirchliche Mitarbeiter. Ein sehr intelligenter Junge litt viele Jahre unter der Aussage, er sei dumm, nachdem seine Lehrerin ihn, als er sechs Jahre alt war, zum Versager gestempelt hatte. Wenn die Lehrerin das sagte, muss es ja stimmen, so dachte er.

Fernsehen und Computer können einen guten oder schlechten Einfluss im Leben der Kinder haben. Brutalität auf dem Bildschirm, einige Cartoons, Spielzeug, Spiele oder Kinderbücher müssen von verständigen Eltern, die das beurteilen können, gründlich geprüft werden. Es gibt genug Computerspiele auf dem Markt, wie beispielsweise „Dungeon and Dragons", die bei sensiblen und auch weniger sensiblen Kindern ernsthafte Schäden verursachen können. Eines dieser Videospiele zeigt, basierend auf „Jurassic Park", wie Menschen von Dinosauriern gefressen werden, während das Blut nur so spritzt und Angstschreie durch das Kinderzimmer hallen. Eltern sollten immer wissen, was ihre Kinder vielleicht alleine in ihren Zimmern sehen.

Sünden der Väter

John Eddison schreibt in seinem Buch *Leiterschaft verstehen*: „Soll der Charakter eines Kindes beeinflusst werden, dann liegt der richtige Zeitpunkt dafür ungefähr 100 Jahre vor seiner Geburt." Unsere Familiengeschichte hat mit Sicherheit Einfluss auf das Leben unserer Kinder – sei sie gut oder schlecht. Die Tatsache, dass Familiensünde, Schwachheiten und Verhaltensmuster jeweils Folgen in das Leben eines Kindes hinein haben, ist bekannt und im weltlichen Umfeld längst anerkannt. Die Menschen sehen, dass Kinder unter den Folgen von Süchten, Missbrauch und Ehebruch in der Familiengeschichte leiden und häufig (allerdings nicht immer) pflanzen sich diese Muster fort bis in die eigenen Familien. Die Bibel spricht von den Sünden der Vorfahren (2. Mose 20, 5; 3. Mose 26, 39-40). Da liegt es nahe, dass okkulte Sünde, sexuelle Sünde, Süchte, Ängste, Phobien und Ahnenkult durch die Familienlinien weiterlaufen und so manches Kind die Folgen der Sünden der Väter ausleben muss. Wir haben nicht den Platz, dieses Thema hier zu vertiefen. Wer mehr darüber wissen möchte, dem sei mein Buch „Freedom from Generational Sin" (New Wine Press) empfohlen.

Trauma und Stress

Traumata, sowohl vor als auch nach der Geburt, können zu tiefen Verwundungen innerhalb des Geistes eines Kindes führen. Wenn eine Mutter beispielsweise bereits eine Fehlgeburt hatte, dann besteht die große Wahrscheinlichkeit, dass ihre Ängste um das jetzige Kind von diesem Baby in ihrem Leib aufgenommen werden. Wissenschaftler glauben heute, dass ein Baby bereits in einem sehr jungen Alter die Gefühle der Eltern und andere Einflüsse aus dem Umfeld in sich aufnehmen kann. Das Kind einer Frau, deren Mann während ihrer Schwangerschaft einen schweren Verkehrsunfall hatte, litt offensichtlich als Folge davon unter großer Reiseangst. „Sei vorsichtig!", warnte sie häufig andere Familienmitglieder vor ganz kurzen, einfachen Reisen und sie war so lange beunruhigt, bis alle wieder heil zu Hause waren. Sie konnte sich zwar nicht an die Gefühle ihrer Mutter aus der Zeit, als sie selbst noch ungeboren war, erinnern, aber doch hatte sie unzweifelhaft deren Ängste im Mutterleib schon aufgenommen.

Eine versuchte Abtreibung wird ebenfalls große Auswirkung auf das Baby im Mutterleib haben. Ein solches Kind kann unter häufiger Krankheit leiden. Manche Menschen haben später versucht, sich auf die gleiche Weise, wie sie abgetrieben werden sollten, das Leben zu nehmen. Wenn die Mutter beispielsweise Tabletten genommen hatte, wurde der Selbstmordversuch ebenso mit Tabletten vorgenommen. Wenn ein Elternteil stirbt, während ein Kind noch relativ jung ist, kann sich in dem Kind die Erwartung entwickeln, später auch einmal verlassen zu werden und man kann sagen, dass diese Erwachsenen dann fast schon darauf hinarbeiten, dass das auch passiert.

Viele Schäden werden von den verschiedensten Traumata während unseres Lebens verursacht, so wie unglückliche Unfälle oder vorsätzliche Verletzung, wie es in einem schrecklichen Vorfall passierte, als ein Kind zusehen musste, wie der Vater die Mutter des Kindes totprügelte.

Ein anderes Kind hatte panische Angst vor Wasser und es brach Jahre später noch in Angstschweiß aus, wenn es davon erzählte, dass es beinahe in einem Gartenteich ertrunken wäre.

In dem Bereich der Traumatisierung hat **sexueller Missbrauch** vielleicht die schlimmsten Auswirkungen, denn das ist der häufigste Grund für eine tiefe Zerstörung des inneren Wesens eines Kindes. Es kann in ein Stadium totaler Verwirrung führen. Sehr häufig resultiert das in völlig zerrissene Gefühle dem Missbraucher gegenüber, denn meistens kennt ihn das Kind. Schuldgefühle, Angst, Wut und Scham sind nur einige der widerstreitenden Gefühle, die häufig dazu führen, dass das Kind einen bedrückten oder zerbrochenen Geist entwickelt. Als ich einmal ein Mädchen nach ihren spontanen Gefühlen im Zusammenhang mit dem Missbrauch in ihrem Leben fragte, brach es aus ihr heraus: „Schmutzig. Ich fühle mich schmutzig!“

Stress

Einem Bericht der Zeitung *The Times* zufolge kam es noch vor einer Generation nur sehr selten vor, dass Kinder unter Stress und Angstvorstellungen litten. In unserer modernen Zeit scheinen jedoch mehr und mehr Kinder Not damit zu haben. Kinder, die nicht älter als acht Jahre sind, kämpfen bereits mit unüberwindlichen Ängsten, das ist eine Tatsache. Peter Wilson, ein Kindertherapeut und Direktor von *Young Minds* (Klinik für geistige Gesundheit von Kindern), sagte in einem Bericht der Zeitung *The Times*:

> *„Wir begegnen einer wachsenden Anzahl von Kindern, die unter Symptomen leiden, die man als fortgeschrittene Stadien innerer Unruhe, Erregung und Unausgeglichenheit bezeichnen muss. Sie leiden unter extremer Sorge um sich selbst und ihre Familien, was sich in Depressionen ausdrückt, in störendem Verhalten, Gewalt gegen sich selbst oder andere, Drogenmissbrauch oder Selbstmordversuchen.“*

In den christlichen Gemeinden und Kirchen müssen wir uns der Nöte solcher Kinder bewusst sein. Wir müssen die besten Wege finden, um diese Familien zu unterstützen, auch im Gebetsdienst für sie.

Ablehnung

In jedem Lebensalter kann sich Ablehnung zutiefst schädigend auswirken, besonders aber in den kostbaren Jahren der frühen Kindheit. Ablehnung kann bereits bei der Empfängnis im Geist eines Kindes Wurzeln schlagen. Wenn ein Kind bei einer Vergewaltigung empfangen wurde oder in einer Atmosphäre von heftigem Zorn, dann fühlte es im ersten Moment statt freudiger Annahme nur Angst und Ablehnung.

Auch der Geburtsvorgang ist sehr wichtig, denn dabei nimmt der Geist des Kindes hoch sensibel die Atmosphäre der Umgebung auf. Mag sein, dass das Baby als Mädchen zur Welt kommt, während der Vater unbedingt einen Sohn wollte. In seinem Geist lehnt er die Tochter ab. Auf Grund der unvermeidlichen Bindung zwischen Vater und Kind erfasst das Baby dies alles mit seinem Geist und wird entsprechend reagieren. Jede zukünftige Zurückweisung in der Schule, ob durch Lehrer oder Gleichaltrige, wird die ursprüngliche Ablehnung nur noch tiefer versiegeln.

Tod wird in den Geist gesprochen

Einige Autoritätspersonen sprechen tatsächlich Tod in den Geist eines Kindes und nicht Leben, so wie Gott es beabsichtigte. Lehrer, Eltern, Pastoren und Sonntagsschullehrer besitzen alle diese Möglichkeit, denn die Kinder bringen ihnen weit geöffnete Herzen entgegen. In Sprüche 18, 21 ist die Rede von Tod und Leben in der Gewalt der Zunge und viele Menschen haben ihre Zungen und diese Macht benutzt, um ein Kind auf Dauer herabzusetzen und zu verwunden. Worte wie: „Du bist zu nichts nütze!“ oder „Du wirst niemals etwas erreichen!“, „Dich wird keiner heiraten!“ oder andere verwundende Worte rufen tiefe, lang anhaltende Schmerzen hervor.

Kapitel 3

Was sind die Auswirkungen?

Geist, Seele und Leib

Kinder sind von Gott wie Erwachsene angelegt, wurden sie als Geist, Seele und Leib geschaffen. Darum nimmt alles, was sie auf einer Ebene ihres Wesens erleben, auch Einfluss auf die anderen Ebenen. Wenn ein Kind also körperlich leidet, wird es unzweifelhaft in allen Bereichen von den Auswirkungen berührt: emotional, geistlich, im Bereich seines Willens, geistig.

Wenn ein Kind körperlicher Verwahrlosung ausgesetzt und missbraucht ist, dann wird als Folge sehr wahrscheinlich sein Denken vollkommen verwirrt sein. Die eigentlichen Fragen dahinter sind: „Warum verletzen sie mich so?“, „Ich liebe meine Mama und meinen Papa, warum schlagen sie mich immer?“, „Was habe ich denn getan, warum hassen sie mich so sehr?“. Diese Gedanken, die ständig im Kopf des Kindes herumwirbeln, werden zweifellos eine tiefe Verwirrung in seinem Geist auslösen.

Zwangsneurosen oder Angstmuster im Denken können diese Kinder überwältigen. Sie können von Furcht gejagt sein. Man sagt, dass bereits 90 % der Kinder unter Ängsten oder verschiedenen Angstvorstellungen leiden. Bei Dreijährigen vorwiegend Angst vor Hunden, bei Vierjährigen Angst vor Dunkelheit. Viele Arten der Angst können auftreten, je nach den Erlebnissen der Kinder. So packte ein Mädchen, dessen Vater starb, als sie noch sehr klein war, jedes Mal die Panik, wenn ihre Mama und der spätere Stiefvater sich stritten. Sie war ganz sicher, dass sie ihn durch die Auseinandersetzungen auch noch verlieren würde und sie lauschte abends im Treppenhaus auf jedes Wort von unten, anstatt im Bett zu bleiben. Hörte sie den Stiefvater pfeifen, dann wusste sie, er ist glücklich und bleibt. Dann konnte sie in aller Ruhe schlafen. Wenn jedoch gestritten wurde, musste sie wach bleiben, bis schließlich die Eltern selbst ins Bett gingen. Es liegt nahe, dass ihre Leistung in der Schule sehr darunter litten.

Neben auftretenden Störungen auf der Verstandes- und Gefühlsebene können Folgeschäden am Willen sichtbar werden. Beispielweise ist es solchen Kindern unmöglich, eigene Willensentscheidungen zu treffen oder sie werden sehr rebellisch. Sie können in Drogen abrutschen oder wahllos sexuelle Beziehungen eingehen. Ihre Probleme können Scham, Schuld- und Minderwertigkeitsgefühle sein. Das führt häufig in tiefe Wut oder in eine totale Abhängigkeit von den Eltern, je nach Eigenart des Kindes. Wenn der Wille der Eltern und der Wille des Kindes ständig aufeinander prallen, kann der kindliche Geist massiv Schaden nehmen.

So wie auf der Ebene der Seele (Verstand, Wille, Gefühle), so wird sich der Schaden sehr wahrscheinlich auch auf den Geist des Kindes ausweiten. Jeder Mangel an geistiger Nahrung und körperlicher Zuwendung lässt den Geist verhungern. Ein fünfjähriges Mädchen, sie lebte bei emotional kalten Adoptiveltern, schmiegte sich immer ganz eng an ihre Lehrerin, wenn in der Schule Geschichten vorgelesen wurden. Sie brauchte Nahrung für den Geist, die sie sonst nirgends bekam. Zum Glück erkannte die Lehrerin, was da passierte und verhielt sich entsprechend. In meinem Buch „Der menschliche Geist" (cap-books 52 50411) gebe ich ausführliche Erklärungen, wie der menschliche Geist funktioniert und wie er verletzt wird.

Manchmal spürt ein Kind körperliche Schmerzen, die als Folge der Schmerzen aus der Seelen- oder Geistesebene auftreten. Wie wir schon sahen, sind wir Menschen ganzheitlich geschaffen und alles, was geschieht, betrifft die verschiedenen Teilebenen. Wenn ein Kind über Magenschmerzen klagt, wird die Mutter mit ihm pflichtgemäß zum Arzt gehen, der aber nichts finden kann. Viel später stellt sich heraus, dass das Kind ständig von Gleichaltrigen in der Schule herumgestossen wird.

Bei Teenagern erleben wir, dass sie plötzlich drastisch an Gewicht verlieren und an Magersucht oder Bulimie erkranken. Immer lautet die Frage: „Was verursachte das körperliche Problem?" Einem fünfjährigen Mädchen wurde von seinem Vater immer Reisbrei aufgezwungen, obwohl ihr regelmäßig schlecht davon wurde. Sie litt unter jahrelang tief vergrabenen Wut- und Schamgefühlen dem Vater gegenüber. Als sie ins Teenageralter kam, erkrankte sie schließlich an Bulimie, ein weiteres Bespiel dafür, dass Gefühle direkten Einfluss auf unseren Körper nehmen.

Als weitere Reaktion auf emotionalen Schmerz finden wir Nägelkauen, Zittern, mit Münzen klimpern, mit den Fingern trommeln usw. Dieses Verhalten ist oft mit dem Versuch verbunden, geschädigte Emotionen unter Kontrolle zu halten. Ein Junge, der als Baby von allen Seiten abgelehnt worden war, saß später stundenlang vor dem Fernseher und klopfte mit dem Fuß auf den Boden. Ein anderes Mädchen weigerte sich, auch nur ein einziges Wort mit erwachsenen Menschen zu reden, nach dem sie zu Hause missbraucht worden war. Sie unterhielt sich dagegen mit gleichaltrigen Kindern. Die Versuche ihrer Lehrerin, mit ihr ins Gespräch zu kommen, überging sie einfach. Erst nach vielen Monaten gelang ein kleiner Durchbruch und sie begann zögernd, mit einer liebevollen und sehr freundlichen Frau zu reden.

Sich wiederholende Verhaltensmuster

Stehlen

Viele Gründe können dafür verantwortlich sein, dass ein Kind zu stehlen beginnt und man muss unbedingt die Wurzel dafür ausgraben, die, wie wir noch sehen werden, viele und unterschiedliche Formen haben mag. Ein Kind kann stehlen, weil es sich furchtbar unsicher und verängstigt fühlt oder es versucht, durch den Diebstahl Anerkennung zu finden. Ein kleiner Junge schlich sich regelmäßig jeden Freitag in eine Süßwarenfabrik. Er stahl Süßigkeiten und verteilte sie in der kommenden Woche an seine Klassenkameraden, denn er glaubte, sich damit ihre Freundschaft erkaufen zu können. Interessant war, dass er niemals selbst von den gestohlenen Sachen nahm. Das gehörte zu seinem Ehrenkodex!

Manchmal wird gesagt, dass Kinder andere Kinder bestehlen, weil sie selbst bestohlen wurden. Auch das gehört zu den Gründen, die Kinder zum Diebstahl verleiten können. Es erfolgt eine Gegenwehrreaktion, oft unbewusst, als Rache für das, was ihm in seinem Umfeld angetan wurde. Diebstahl kann auch Bestrafung der Eltern bedeuten. Das Kind rächt sich auf seine Weise für ihm zugefügtes Leid.

Andererseits darf man die ererbte Schwäche nicht vergessen, die über die Familienlinie weitergegeben wird oder das Vorbild der Eltern, die stehlen und so die Kinder zur Nachahmung dieser Sünde anleiten. Natürlich hat auch jedes Kind in sich eine sündige Gier, mit anderen Worten: Die Folge der Erbsünde.

Selbstverstümmelung

Manche Kinder ritzen sich die Haut auf oder verletzen sich anderweitig, aus niedrigem Selbstwert oder Ablehnung. Das kann in jedem Entwicklungszustand eines Kinderlebens vorkommen, obwohl es sich meist in den Teenagerjahren erst wirklich zeigt. Der in diesem Lebensalter starke Druck des Umfelds löst solche Aktionen aus oder auch die vielen Prüfungen und die hormonelle Umstellung. Ein Junge aus einer christlichen Familie flüchtete sich in Selbstverletzung, aus vielen Gründen. Der schlimmste Druck ging jedoch von seiner inneren Sucht nach Perfektion während der Prüfungen in seiner Ausbildung aus.

Bettnässen

Bevor nach verborgenen Wurzeln für Bettnässen gesucht wird, muss unter allen Umständen die medizinische Seite abgeklärt werden. Die Störung mag im Blasenbereich liegen. Darum sollte unbedingt ein Arzt konsultiert werden. Andererseits können stark unterdrückte Gefühle bei Kindern Bettnässen auslösen. Vielleicht stauen sie viel Ärger, Schuld oder Scham auf und wenn sie unfähig sind, diese

Gefühle während des Tages auszudrücken oder wenn sie daran gehindert werden, dann übernimmt nachts der unterbewusste Wille die Kontrolle und morgens ist das Bett eingenässt. Diese Kinder haben zwar den Körper eines Zwölfjährigen, ihre Gefühle sind jedoch auf dem Stand von Zweijährigen und wenn sie eingeschlafen sind, kommt das zum Tragen. Häufig ist es dann für die Toilette zu spät und das Bett wird wieder einmal nass, wie bei einem Kleinkind.

Weitere Gründe sind Angst, Traumatisierung, Missbrauch und emotionaler Mangel. Dies alles führt zu schrecklichen Albträumen bei den Kindern und in der damit verbundenen Ängstigung können sie ihre Blasenfunktion nicht mehr beherrschen. Wir dürfen solche Vorfälle nicht zu sehr dramatisieren. Ein kleines Mädchen wurde gezwungen, jeden Morgen, ehe sie zur Schule ging, ihre durchnässten Bettücher zu waschen. Dabei hatte sie dann keine Zeit mehr für die eigene Morgentoilette. Man kann sich vorstellen, wie gnadenlos der Spott der Klassenkameraden ausfiel, wenn wieder einmal ein strenger Geruch von ihr ausging.

Wir müssen immer nach den Gründen hinter einem bestimmten Verhalten von Kindern fragen, da die sehr unterschiedlich sein können. Die Auslöser im Hintergrund bestimmen unseren Umgang mit dem Kind. Wenn ein Kind sich in der Schule einnässt, muss der Lehrer unbedingt Verständnis und Mitgefühl zeigen, sonst graben sich Scham und Peinlichkeit sehr tief ein und verfolgen das Kind noch sehr lange in sein weiteres Leben hinein.

Übertriebene Abhängigkeit

Übergroße Abhängigkeit von einem Erwachsenen weist darauf hin, dass der Geist dieses Kindes von einem Gefühl tiefer Verunsicherung beherrscht wird. Das „Verlass mich nicht!"-Syndrom kann von Unsicherheit oder auch von Angst herrühren. Ein kleines Mädchen weinte sechs Monate jeden Tag, weil es ohne die Mama im Kindergarten bleiben musste. Nachforschungen ergaben, dass sie bei ihrer Geburt abgelehnt worden war (die Mutter stellte sich dazu) und die Angst, wieder abgelehnt zu werden, plagte das Kind. Manchmal übernimmt ein Kind auch die Angst in der Mutter, wenn diese ihr Kind nur ungern im Kindergarten zurücklässt, weil sie es dann nicht mehr behüten kann. Dann brauchen beide Gebet, Mutter und Kind.

Brutale Einschüchterung (Mobbing, Bullying)

Manchmal werden wir mit einem Kind konfrontiert – entweder unserem eigenen oder einem Kind, für das wir beten sollen – das andere Kinder brutal einschüchtert. Hier ist es hilfreich und notwendig, zu verstehen, warum sich ein Kind in Angriffe gegen andere flüchtet, denn es ist unzweifelhaft Tatsache, dass auch der Täter Hilfe braucht. Häufig hat so ein grober Kerl ein ganz niedriges Selbstwertgefühl und er lässt seinen Frust an anderen Kindern aus. Nach außen gibt er sich robust, im Innern spürt er seine Schwäche. Es ist z.B. denkbar, dass ein Kind die anderen angreift, weil es von Eltern und Geschwistern ebenfalls angegriffen wird. Gegen diese hat es keine Chance, also versucht es, andere zu kontrollieren.

Manche Eltern erziehen ihre Kinder sehr streng und kontrollierend. Diese Kinder schlagen häufig zu, in einer Art Hackordnung unter Gleichaltrigen. Hier, weit weg von der Familie, wollen sie zeigen, dass sie in der Lage sind, sich durchzusetzen.

Es kann auch vorkommen, dass wir einem Kind mit einem Opfergeist begegnen, ein Kind, das den Terror brutaler Einschüchterung erlebt hat und auf dem immer herumgehackt wurde. Das kann als Folge von Generationenbelastung geschehen, das ist ein Opfergeist in der Familie, der weitervererbt wird oder es kommt von Traumatisierungen aus der Gegenwart, wie Missbrauch in den frühen Kinderjahren. Bei diesen Kindern glaubt man, sie hätten ein Schild um den Hals hängen, mit der Aufschrift: „Ich wurde missbraucht, bitte verletzt mich weiter!“

Einem Bericht von *Kidscape* (Organisation, die sich um Opfer brutaler Einschüchterung durch Gleichaltrige kümmert) zufolge glaubt man, dass Kinder hauptsächlich in der Mittagspause von Mitschülern gequält werden. Daher ist es unverzichtbar, dass Eltern, Aufsichtspflichtige und Lehrer gemeinsam die Augen offen halten, um offensichtliche Anzeichen zu erkennen.

Es gibt **Anzeichen**, die zu beachten sind: Kinder können Angst vor dem Schulweg entwickeln. Bisher gingen sie gerne zu Fuß zur Schule, aber plötzlich möchten sie mit dem Auto gefahren werden oder Mama oder Papa soll sie morgens begleiten und bei Schulschluss wieder abholen. Das Kind lässt stark nach in seinen schulischen Leistungen oder Schulbücher oder Kleidung sind häufig zerfetzt. Ein anderer Hinweis kann sein, dass ein Kind hungrig nach Hause kommt, weil das Geld für sein Pausenbrot gestohlen wurde. Oder es verhält sich weinerlich und zieht sich zurück, mit unerklärlichen Kratzern und blauen Flecken. In diesem Zusammenhang können Kinder auch zu Bettnässern werden oder sie klagen über wiederholte Albträume.

Irrationales Verhalten

Rückzug ist eine Form von verstandesmäßig nicht zu erklärendem Verhalten, das jedoch häufig einen sehr verständlichen Hintergrund hat. Einige Kinder können sich tatsächlich so konsequent zurückziehen, dass sie beginnen, in einer Traumwelt zu leben. Für die Eltern dieser Kinder ist das sehr besorgniserregend und sie suchen hoffentlich dann nach Hilfe für ihre Kinder. Hilfe ist natürlich nur möglich, wenn der Grund des Problems erkannt wird. Ein völlig normaler, zufriedener kleiner Junge verbrachte glücklich seine Tage in der Vorschule. Er malte wundervoll bunte Bilder und konnte sich auch lebhaft mit den Lehrern über seine Kunstwerke unterhalten. Eines Tages nahm er einen dicken Pinsel mit schwarzer Farbe und begann, seine bunten Werke zu übermalen. Die naheliegende Frage der Lehrer und auch seiner Eltern war: Was ist da passiert? Es kam heraus, dass seine geliebte Großmutter gestorben war und er so seinen unaussprechlichen Schmerz ausdrückte. Er zog sich völlig in sich selbst zurück und weigerte sich, mit den Lehrern oder seinen Eltern über den Verlust zu reden, aber er benutzte seine Bilder als Ventil. Selbst nach dem der Grund für sein Verhalten entschlüsselt war, dauerte es eine ganze Weile, bis die Lehrerin ihn aus seinem Schneckenhaus herausholen und er im geschützten Rahmen über seinen Kummer sprechen konnte.

Eine andere Form von irrationalem Verhalten kann vorliegen, wenn ein Kind völlig unangemessen auf eine momentane Situation reagiert. Es wird gelacht oder geweint, im falschen Zusammenhang oder zur falschen Zeit. Ein Mädchen kicherte und lachte, während sie uns von ihrer Vergewaltigung durch den eigenen Bruder und dessen Freunde erzählte. Als wir sie baten, uns doch einmal den

Grund für ihr Lachen zu erklären, kam heraus, dass sie während der Vergewaltigung gezwungen worden war, mit den Jungen zu lachen, weil sie sonst erst recht nicht aufhören würden. Obwohl sie den Vorfall hasste, versuchte sie doch, aus lauter Angst zu lächeln oder zu lachen, so gut sie konnte. Dieses Verhaltensmuster konnte sie nur sehr schwer wieder ablegen.

Zwangsverhalten, wie beispielsweise Wörter mitten im Satz buchstabieren oder die Fugen im Pflaster zählen, können ebenso irrational und unbeherrschbar sein. Ein kleiner Junge entwickelte die störende Angewohnheit, mitten im Satz zwanghaft bestimmte Worte laut herauszuschreien. Das Ganze begann kurz nach dem der Junge zur Schule gekommen war. Zum Beispiel sagte er: „Hallo, ich bin SAMUEL und wie heißt DU?“ – als würden einzelne Worte in Großbuchstaben geschrieben. Es kam heraus, dass der Schulbeginn und die ganze Lernsituation so belastend für ihn war, dass allein dieser Tick es ihm möglich machte, alles durchzustehen und unter Kontrolle zu halten.

Einige Kinder leiden unter einer sehr schwerwiegenden Verhaltensstörung, die wir unter der Bezeichnung Autismus kennen. Beispielsweise in England gibt es zur Zeit eine geschätzte Zahl von mindestens 73.600 Kindern, die an Autismus oder verwandten Störungen leiden. Nur 3.300 spezielle Behandlungsplätze stehen zu ihrer Hilfe bereit. Zur Zeit kennt man den Auslöser dieser Krankheit nicht und es gibt auch kein Heilmittel gegen diesen qualvollen Zustand. Möglicherweise handelt es sich um eine Unausgewogenheit in der Körperchemie. Manchmal fehlt uns der Schlüssel zur Heilung und das Einzige, was wir tun können, ist zum Herrn zu gehen und für das Kind und seine Eltern in Fürbitte einzutreten.

Lügen

Experten behaupten, es gäbe keine geborenen Lügner, sondern es sei eine von den Eltern, Lehrern oder Freunden erlernte Erfahrung, dass Lügen sich auszahlt. Das mag stimmen und doch erscheint diese Lösung etwas übereilt. Bestimmt gilt das nicht in jedem Fall. Wieder müssen wir die Frage stellen, warum das Kind sich in Lügengeschichten flüchtet. Vielleicht versucht es ja aus Angst vor Strafe seine Umwelt zu täuschen.

Kinder übertreiben auch häufig, weil sie Anerkennung suchen oder weil sie Aufmerksamkeit auf sich lenken möchten. Andererseits können sie auch unter ererbten Lügenmächten seitens der Vorfahren leiden oder sie lernen das Lügen im häuslichen Umfeld. Manchmal genügt schon die Aufforderung der Eltern: „Sag, ich sei nicht zu Hause!“, wenn jemand an der Haustüre klingelt, den man nicht sehen möchte. Dieses Vorbild übernimmt ein Kind sehr schnell.

Kapitel 4

Gebet um Segen und Heilung: Grundlegendes Verständnis

Kinder müssen sich ganz sicher und wirklich angenommen fühlen. Und sie müssen spüren, dass man ihnen glaubt, erst dann werden sie genug Vertrauen haben, die tiefsten Ängste und Wunden ihres Herzens mitzuteilen. Darum ist es auch so wichtig, einen sicheren und geschützten Ort für die Zeiten des Gebetsdienstes vorzubereiten. Einen Ort, der dem Kind seit längerem vertraut ist, an den es gewöhnt ist und wo es sich glücklich fühlt. Ein riesiges, geisterhaft-zugiges Kirchenschiff ist der Sache bestimmt nicht förderlich. Und auch nicht unbedingt das Elternhaus. Möglicherweise ist gerade das der Ort, an dem der Schaden verursacht wurde und selbst wenn ein Kind aus einem guten christlichen Hintergrund kommt, garantiert das für nichts. Nur weil die Eltern Christen sind, kann man nicht automatisch davon ausgehen, dass nichts Böses bei ihnen geschehen sein könnte.

Noch ein sehr wichtiges Prinzip lautet: **das Kind muss akzeptiert werden wie es ist**, ohne jegliches Vorurteil hinsichtlich seiner Eigenart oder dessen, was mit ihm geschehen sein mag. Bitte den Herrn um eine tiefe Liebe und großes Mitgefühl für das Kind. Es ist entscheidend, unter allen Umständen jedes Versprechen zu halten. Vertrauen wird unendlich wichtig sein und wenn man dem Kind versprochen hat, es zu einer bestimmten Zeit oder an einem bestimmten Ort zu treffen, muss diese Verabredung unter allen Umständen eingehalten werden, es sei denn, ein unvermeidlicher Notfall wäre eingetreten. Im Bereich des Vertrauens müssen wir immer daran denken, dass es eine Weile dauern wird, bis ein Kind gelernt hat, uns zu vertrauen, ganz besonders, wenn andere Schlüsselpersonen auf diesem Gebiet unzuverlässig waren. Wie auch immer sich die Dinge entwickeln, wir dürfen keine Vertraulichkeiten erzwingen und niemals sagen: „Dies ist unser Geheimnis!", denn andere können dieselben Worte benutzt haben – mit schrecklichen Folgen. Lege dem Kind niemals Worte in den Mund; es ist besser zu warten, bis es bereit ist zu sprechen. Stelle keine Suggestivfragen. Lasse es in seinen Worten berichten und räume genügend Zeit ein, damit es sich sicher und geschützt fühlen kann.

Es wird einige Zeit dauern, bis wir das Kind wirklich verstehen können. Wir müssen wissen, was dieser Prozess, ganz abhängig vom Alter des Kindes, beinhalten kann: zusammen Spiele spielen, Geschichten lesen, schwimmen gehen, Bilder ansehen, zeichnen, schreiben, singen oder Bilder bunt anmalen – eigentlich alles, was uns Aufschluss darüber geben kann, an welchem Punkt sich das Kind befindet. Oft kann ein sehr kleines Kind beim Spiel aus der Verstrickung seines Fantasiedaseins gelöst werden. Ein Stück Realität kann uns an die inneren Vorgänge in seinen Gedanken führen. Man sagt, dass während des letzten Weltkrieges die Erwachsenen in England ständig von den Ereignissen aus ihrer Nachbarschaft und ihren angrenzenden Wohngebieten sprachen, während dagegen die Kinder ihre Ängste und Befürchtungen in Kriegsspielen abreagierten, erst allmählich begannen sie, darüber zu reden und sich mitzuteilen.

Man sollte versuchen, weitere Zugänge zum Umfeld des Kindes zu erschließen, wie beispielsweise Informationen von außen, um einen detaillierten Gesamtüberblick über sein Wesen und die Situation zu bekommen. Eltern, Verwandte und Freunde können dabei hilfreich sein. Aber zuerst geht es darum, das Kind selbst kennenzulernen. Und das verletzte Kind soll auch mit uns vertraut werden. In diesem Beziehungsabschnitt ist es auch unsere Aufgabe, von Jesus zu erzählen und über die Grundwahrheiten des christlichen Glaubens zu sprechen. Wir können nicht davon ausgehen, dass die Kinder ein echtes Verständnis des Glaubens haben, nur weil sie sonntags regelmäßig am Kindergottesdienst teilnehmen. Es gilt, den Teil der Wahrheit zu erfassen, der sich mit Gott, dem Vater, beschäftigt: Wer er ist und wie er über Sünde denkt. Es kann hilfreich sein, mit dem Kind zu erarbeiten, was überhaupt Sünde ist und wie es mit seiner Sünde umgehen kann – und wie es eine Beziehung mit Gott bekommt. Erkläre, wer Jesus ist und was er für uns getan hat. Inhalt und sprachlicher Ausdruck müssen dem Alter des Kindes, für das wir beten, angepasst sein. Es wird manches an Zeit brauchen, bis es überhaupt zum Gebet kommt. Vertrauen, Verstehen und eine gute Wissensgrundlage sind notwendige Voraussetzungen.

Vor allem aber müssen wir das Kind mit großer Geduld und Aufrichtigkeit behandeln, denn wir werden auf den Prüfstand gestellt werden. Kinder erkennen jeden Schwindel schon von Ferne. Das Kind muss wissen, dass ihm geglaubt wird. Das ist von größter Bedeutung für die Beziehung zueinander. Vielleicht hat jemand, der das Kind missbrauchte, behauptet, dass keiner ihm glauben wird. Natürlich müssen wir Wahrheit von Lüge unterscheiden, doch die Grundhaltung, dem Kind zu glauben, darf nicht aufgegeben werden – es müssten sichere Beweise vorliegen, falls Zweifel am Wahrheitsgehalt der Aussagen auftauchen.

Der Dienst des Gebetes sollte nicht zu lange dauern, denn bekanntlich ist die Konzentrationsspanne eines Kindes recht begrenzt. Natürlich hängt das auch vom Alter ab. Mit einem kleinen Kind sollte die gemeinsame Zeit nicht länger als ungefähr 45 Minuten dauern, vom Beginn bis zum Ende. Das umfasst alles: Notizen machen, reden, beten und das Kind segnen. Natürlich gibt es auch hier Ausnahmen! Aber es gilt: Keine langatmigen Ausführungen, dafür präzises Nachfragen und dann Gott in kurzen und klaren Gebeten um sein konkretes Handeln an dem Kind bitten. Altmodische Redewendungen und abgegriffene Gebetsformeln sind nicht angebracht (wenn überhaupt, dann sollte man sie für Gebete mit Erwachsenen aufheben!).

Kapitel 5

Gebet um Segen und Heilung:
Praktische Umsetzung

Wenn ein guter Vertrauensgrund gelegt ist und genug Wissen und Einblick in die Situation des uns anvertrauten Kindes vorhanden ist, dann wird es Zeit zum Gebet für das Kind. Es gibt viele Grundregeln, die uns nützen können und ich möchte einige erwähnen, die mir selbst sehr geholfen haben.

Körperliche Berührungen und Hände auflegen

Das Kind muss immer zuerst um Erlaubnis gebeten werden, ob man während des Gebets eine Hand auf seine Schulter legen darf, denn nicht immer wissen wir von körperlichem oder sexuellem Missbrauch in der Vergangenheit. Das erfordert hohe Sensibilität. Ich erinnere mich an ein Kind, das immer automatisch zurückschreckte, wenn die Gebetsseelsorgerin es nur ganz kurz umarmen wollte. Die vorangegangene Zeit in vertrautem Gespräch, im Austausch, Erfahren und Verstehen lassen uns erspüren, ob ein

Kind eine zarte Berührungen am Arm oder der Schulter schon aushalten kann. Es braucht den gleichen Respekt wie ein erwachsener Mensch.

Salben mit Öl

Genau wie bei Erwachsenen kann man auch bei Kindern während der Gebetszeit Salböl benutzen. Das kann bereits bei ganz kleinen Kindern helfen, wie ich es kürzlich bei einer Dreijährigen erlebte. Sie hatte ihre Hand verletzt und die Mama gebeten, Jesus zu bitten, die Hand zu heilen. Die Mutter fragte, ob sie etwas „Jesus-Öl" auf ihre Handfläche haben wolle. Das wollte die Kleine. Noch Wochen nach diesem Erlebnis fragte das Kind jeden, der sich verletzt hatte oder unter Kopf- oder Rückenschmerzen litt, ob er etwas von dem „Jesus-Öl" haben wolle, egal ob Familienmitglied oder fremde Besucher! Dennoch müssen wir, ebenso wie beim Händeauflegen, auch vor einer Salbung mit Öl das Kind um Erlaubnis bitten.

Die Gaben des Heiligen Geistes

Es ist möglich, mancher würde sagen, absolut unerlässlich, von den Gaben des Heiligen Geistes Gebrauch zu machen, wenn wir für Kinder beten. Worte der Erkenntnis, Unterscheidung der Geister und die Gabe der Heilung sowie Wundertaten sind hier genauso notwendig wie beim Beten mit anderen Personen. Wir brauchen nicht zu zögern, das Kind zu fragen, ob etwas geschieht oder ob es etwas beitragen möchte. Manche Kinder sehen ein Bild oder erzählen, dass Jesus etwas zu ihnen sagt, sobald das Gebet beginnt. Der Heilige Geist wird uns Worte der Erkenntnis oder der Unterscheidung schenken, wie auch bei Erwachsenen. Das dürfen wir erwarten, denn er hat ein Herz für Kinder.

Engelsdienste

> *„Denn ich sage euch: Ihre Engel im Himmel sehen allezeit das Angesicht meines Vaters im Himmel."*
>
> Matthäus 18, 10

Zögere auch nicht, Gott zu bitten, seine Engel zu senden, um dem Kind zu dienen und es zu leiten, wenn du fortgehst – ganz besonders, wenn das Kind unter tiefen Ängsten leidet oder Albträume es belasten.

Gottes Wort

Benutze häufig Schriftstellen aus der Bibel, denn der Heilige Geist möchte sie oft in den Situationen anwenden, in die du gerade hineinbetest. Traurig erzählte mir ein achtjähriges Mädchen, dass sie ein „Irrtum" sei. Das hatte ihr die Mutter lachend mitgeteilt, als ihre kleine Tochter bemerkte, dass sie das sechste und letzte Mädchen in der Familie war. Die Eltern hatten sich einen Jungen gewünscht und sie gaben sich alle erdenkliche Mühe, aber es kamen immer kleine Mädchen dabei heraus. Als wir miteinander beteten, wurde Psalm 139 zum Wendepunkt für sie – dass Gott sie im Leib ihrer Mutter entstehen ließ und dass er von ihrem Mädchensein begeistert ist.

Der Name Jesus

Auch der Name Jesus ist besonders auf dem Gebiet der körperlichen Heilung und Befreiung eine überwältigende Gebetswaffe. Das wurde mir ganz besonders bewusst, als ich eines Abends für einen Teenager betete. Er drohte in einer rauen, tiefen Stimme, ein Mitglied einer Gemeinde in unserem Ort zu töten. Nach viel Gebet und Befreiung brachte der Name Jesus diese Stimme zum Schweigen und setzte den jungen Mann vollkommen frei.

Kapitel 6

Gebet um Segen und Heilung:
Möglichkeiten der Seelsorge

Wenn du mit einem Kind Zeiten im Gebetsdienst verbringst willst, müssen zwei Dinge beachtet werden:

Als Erstes musst du, das als Wiederholung, unbedingt den Grund für die Verletzung und die Schädigung des Kindes herausfinden, sonst wirst du letztlich nur für die Symptome beten, die Wurzeln aber bleiben unberührt! Behalte im Hinterkopf, dass das Verhalten des Kindes von sehr alten Wurzeln herrühren kann, die weit zurück irgendwo in der Vergangenheit das Problem verursacht haben. Also verschwende keine Zeit mit Gebet für Symptome, sondern finde die Ursache heraus! Wenn die bekannt ist, wird eine klare Linie deine Gebete durchziehen. Wenn du manchmal alleine für das Kind betest, mit Gott sprichst und auf ihn hörst, dann wirst du herausfinden, was das Kind im Moment braucht. Es ist klar, dass wir während der Zeit des gemeinsamen Gebetes mit einem Ohr auf das Kind hören und gleichzeitig mit dem anderen Ohr auf Gottes Reden, damit wir wissen, was er durch den Heiligen Geist dazu geben will.

Als Zweites musst du daran denken, dass es verschiedene Arten gibt, wie du für ein Kind beten kannst. Ich will nun von einige Möglichkeiten aufzählen, die ich persönlich sehr hilfreich finde. Sie sind natürlich abhängig von der Situation und dem Alter des anvertrauten Kindes.

Gebet für ein Kind, während es schläft und nichts davon merkt

Gott ist Geist und schläft nie, genauso sind auch wir Geist und unser Geist schläft ebenfalls nie. Darum ist es möglich, für ein schlafendes Kind zu beten, im Glauben daran, dass es Gott möglich ist, den Geist des Kindes zu berühren und die Heilung zu bewirken, die es braucht. Wir können entweder mit unseren eigenen Worten beten oder in der himmlischen Sprache des Heiligen Geistes, denn die Heilige Schrift ermutigt uns zu glauben, dass er für uns eintritt mit Worten, die niemand aussprechen kann. Er hat ein Herz für das Kind und kennt seine tiefsten Nöte. Wir können ganz sicher sein, dass der Heilige Geist durch uns das vollkommene Gebet formt und dass der Vater, der dieses Gebet hört, es nach seinem vollkommenen Willen beantwortet wird.

Gebet mit dem Kind

Wenn Eltern, Großeltern, Verwandte, Freunde oder Kindermitarbeiter der Gemeinde häufig mit einem Kind beten, ist es ganz natürlich, dass diese Personen bereit sind, auch dann mitzubeten, wenn es in tiefere Bereiche geht. Kinder erleben durch sie, dass Beten eine Realität mit großer Bedeutung für die Erwachsenen ist. Und das nehmen diese Kinder dann auch für sich an. Eine Mutter, die immer, wenn sie ihre Kinder umarmte, gleichzeitig auch für sie betete, ging davon aus, dass ihre Kinder das nicht bemerkten. Sie behielt diese Gewohnheit bei, auch als die Kinder schon zu Teenager geworden waren – jeden Tag eine liebevolle Umarmung mit Gebet. Als sie eines Tages ihre Tochter lange umarmte, hörte sie diese leise murmeln: „Bist du noch nicht fertig?"

Wenn es gelingt, den Willen des Kindes so weit wie möglich einzubeziehen, dann entsteht eine echte Zusammenarbeit. Möglichst die Eltern mit in das Beten für ihr Kind hineinnehmen, denn Gott hört ganz besonders auf ihre Herzenswünsche und sie haben spezielle Rechte, was ihr Kind betrifft. Wir sollten immer versuchen, das Wissen der Eltern und ihre Fürsorge für die Kinder einzusetzen. Es muss sichergestellt sein, dass Eltern nicht an die Seite gedrängt werden, denn auch sie haben mit Ängsten und Schmerzen zu kämpfen. Denken wir daran, dass sie keine Konkurrenten sind, sondern betrachte wir sie als Helfer und Verbündete.

Eltern sind von größter Bedeutung für ein Kind und deshalb haben sie viel zur Heilung ihres Kindes beizutragen. Arbeite mit ihnen zusammen und bedenke, dass ein göttliches Verbundensein zwischen Eltern und Kindern besteht, welches der Herr achtet. Versuche, mit dem Einverständnis des Kindes, die Eltern so weit wie möglich zu informieren, vorausgesetzt, dass sie nicht Teil des Problems sind. Falls es aber so ist, dann braucht es größte Sensibilität bei der Entscheidung, was sie wissen müssen und was nicht.

Sehr interessant finde ich, dass Eltern aus allen Gesellschaftsschichten ihre Kinder zu Jesus brachten. Der reiche, königliche Beamte (Johannes 4, 47). Der ganz einfache, verzweifelte Vater des Kindes mit den epileptischen Anfällen (Lukas 10, 37-42). Die heidnische Frau in ihrer Not um ihre dämonisierte Tochter (Matthäus 15, 26). Jairus, der Leiter der Synagoge (Lukas 8, 41) und die einsame, von Schmerzen zerrissene Witwe, die weinte, weil ihr einziger Sohn gestorben war (Lukas 7, 11).

Ebenso wahr ist, dass **alle** Arten von Nöten zu Jesus gebracht wurden – mit der Bitte um Heilung. Einige Beispiele:

- **Menschen, die Befreiung brauchten** – die brachte man zu Jesus. Eine Mutter ihre von Dämonen geplagte Tochter (Matthäus 15), einen Vater seinen einzigen Sohn. Der Junge litt unter Epilepsie, die in diesem Fall – allerdings gewiss nicht in allen Fällen – von dämonischer Aktivität verursacht wurde (Lukas 9).
- **Menschen, die im Sterben lagen** – die brachte man zu Jesus. Der Sohn des königlichen Beamten war schwer krank, am Rande des Todes und brauchte eine Berührung oder in diesem Fall das heilende Wort Jesu (Johannes 4), ebenso die Tochter des Jairus, die im Sterben lag, als ihr Vater Jesus um Hilfe bat (Lukas 8).
- **Menschen, die bereits gestorben waren** – die brachte man zu Jesus. Die Mutter, deren Sohn schon tot war, brachte ihn nicht wirklich zu Jesus, sondern Jesus wandte sich ihr zu voller Erbarmen (Lukas 7).

Nicht alle Eltern sind so tief erfüllt von Gebet und Glauben für ihr Kind, doch auch hier können wir Hoffnung und Ermutigung aus der Heiligen Schrift schöpfen. Einige Eltern konnten für ihr Kind glauben (die heidnische Frau), einige hörten Jesu Wort und glaubten daran (der königliche Beamte), einige flehten für ihr Kind, ohne nachzugeben (die heidnische Frau), einige waren völlig gebrochen wegen ihres Kindes (der Vater des epileptischen Jungen) und einige hatten die Hoffnung schon fast aufgegeben (Jairus).

Geistliche Kampfführung

Eine weitere Methode des Heilungsgebets für Kinder besteht darin, für sie in die himmlischen Räume hineinzusprechen, in anderen Worten: Für die Kinder in geistliche Kampfführung einzutreten. In Epheser 6 spricht Paulus davon, dass wir nicht gegen Fleisch und Blut kämpfen, sondern gegen Fürstentümer und Gewalten. Als Eltern und als Menschen in *loco parentis (*an Elternstatt) haben wir Autorität an himmlischen Orten und wir haben das Recht, für unsere Kinder im Namen Jesu gegen solche Festungen anzukommen. In diesem Bereich müssen wir sehr genau sein und wissen, dass die dämonische Aktivität, bevor sie nachlässt, zuerst einmal stärker wird. Der Heilige Geist wird dich in die entsprechenden Bereiche, die Gebet brauchen, führen und es ist oft sehr hilfreich, die Zusammenhänge mit anderen Betern zu besprechen, die ebenfalls im Befreiungsdienst dienen.

Eine Frau, deren Sohn sowohl zu Hause als auch in der Schule Schwierigkeiten hatte, entschloss sich, in den Leitungsbeirat der Schule ihres Sohnes einzutreten, um in dieser offiziellen Funktion eine geistliche Kampfführung aufnehmen zu können. Sie hatte den starken Eindruck, dass seine

Probleme auffällig mit dem Klassenzimmer zusammenhingen, in dem er unterrichtet wurde, darum interessierte sie sich für die Geschichte der Schule und betete entsprechend. Satan kennt seine Rechte und wir müssen die unseren kennen! Nachdem sie die Erlaubnis der Klassenlehrerin eingeholt hatte, betete sie im Klassenzimmer und sowohl ihr Kind als auch die Lehrerin spürten den Unterschied.

Ein Lehrer hat das Recht, in Autorität gegen jegliches störendes Verhalten, jede Gewalttätigkeit usw. in seiner Klasse anzugehen. Wenn die Vorfälle dämonischer Natur sind, kann man diese Autorität im Jesu Namen ergreifen und es wird helfen, betend und mit Salböl den Klassenraum zu reinigen. Manchmal ist geistliche Kampfführung bereits notwendig, ehe der Unterricht beginnt. Einmal kam ein gestörtes und verhaltensauffälliges Kind in die Klasse einer gläubigen Lehrerin. Nach einer Woche stellte die Lehrerin erstaunt und entmutigt fest, dass die ganze Klasse völlig in Unordnung geraten war. Die andern Kinder lernten im Unterricht nur noch ganz wenig und sie selbst stand ständig unter starkem Stress. In ihrer Verzweiflung betete sie und salbte den Klassenraum mit Öl. Sie ergriff ihre ganze Autorität in *loco parentis.* Sie band den Feind und verweigerte ihm jegliche Wirksamkeit in ihrer Klasse. Zu ihrer Überraschung brachte das Gebet eine starke Wirkung! Erst im folgenden Jahr, als das auffällige Kind in die nächste Klasse versetzt wurde, flackerte dort das extrem zerstörerische Verhalten wieder auf. Folgende Gebiete können unsere Gebete erfordern: Opferhaltung (Opfergeist), Gewalttätigkeit, Störung, Verspotten usw. Zusätzlich ist anzuraten, jede ungöttliche Seelenbindung an die geistlichen Gegner und ihre Anhängern zu brechen! Und dann legen wir im Gebet den Frieden und den Segen Jesu auch auf den Klassenraum.

Einige Eltern haben Gebetsgruppen gebildet, um die Schulen ihrer Kinder zu unterstützen, sie erleben überwältigende Unterschiede zu der Zeit davor. Auf dem Gebiet der geistlichen Kampfführung liegt der Schlüssel in der Fähigkeit, den Feind zu binden oder Menschen zu lösen, und als Christen haben wir das Recht dazu. Ebenso haben wir das Recht, den Herrn zu bitten, uns den Heiligen Geist als Hilfe für uns selbst und unsere Kinder zu senden.

Fürbitte

Ich bin ganz fest davon überzeugt, dass einer der Hauptschlüssel, um Kinder von Schmerz und Verletzung freizusetzen und Heilung in ihnen zu bewirken, in der Fürbitte liegt.

> *Wasserbäche rinnen aus meinen Augen über den Jammer der Tochter meines Volkes...*
>
> Klagelieder 3, 48

Diese Tränen, die im Gebet für unsere Kleinen und die jungen Menschen vergossen werden, sind in Gottes Augen besonders kostbar. Der Teufel hasst es, uns im Gebet für Kinder auf den Knien zu finden, ganz gleich, ob es für die eigenen oder für die Kinder ist, die Gott uns aufs Herz gelegt hat. Wir müssen uns immer mehr an „Gottes Rockzipfel" hängen und ihn nicht mehr loslassen, bis er uns antwortet.

Beryl Burgess hat ein ausgezeichnetes Buch zum Gesamtthema Fürbitte geschrieben, in dem sie dem Leib Christi wichtige Hinweise über den wirksamen Umgang mit diesem lebensnotwendigen Dienst gibt. Der Titel lautet *Dear Mark and Sarah* (New Wine Press). Sie beschreibt in einer Folge von Briefen, wie sie mit dem Gebet für Kinder umgeht. Zusammengefasst scheint Folgendes ihre Methode zu sein: Gewöhnlich trifft Beryl sich nicht mit den Kindern, für die sie betet, sondern sie sammelt so viel Information über das Kind wie nur möglich, von den Menschen, die das Kind kennen: seinen Eltern, Verwandten und Freunden. Dies ergänzt sie mit eigenen Kindheitserfahrungen und ihren Erfahrungen im Umgang mit anderen Kindern. Dann bittet sie den Heiligen Geist, ihr zu zeigen, wie sie beten soll.

Sie betet durch das Leben des Kindes. Sie beginnt mit der Zeugung, dann durch die Geburt, das Kleinkindalter, die Schulzeit und die Teenagerjahre, bis zum jetzigen Alter. Beryl benutzt Konzentrationshilfen, die ihr beim gezielten Gebet helfen. Zum Beispiel betet sie laut und oft bittet sie eine andere Person, ihr in der Fürbitte zu helfen, denn es liegt eine große Kraft in der Übereinstimmung zweier Menschen im Gebet.

Normalerweise dauert eine solche Fürbittezeit ungefähr zwei Stunden. Als Erstes betet sie gewöhnlich in den Kernpunkt des Problems und erledigt dieses Thema. Sie machte die Erfahrung, dass damit zusammenhängende Schwierigkeiten sich oft einfach mitauflösen. Von den Eltern erhält sie Berichte über den Fortschritt des Kindes. In ihren Gebeten fasst Beryl die Lebensabschnitte des Kindes in Einheiten von drei Jahren zusammen, dabei entdeckte sie, dass häufig Schockerfahrungen am Anfang der Probleme zu liegen scheinen. Betend entfernt sie das Negative und stärkt das Positive, wobei durch die Leitung des Heiligen Geist die Aufmerksamkeit auf die Bereiche körperlicher, emotionaler oder geistiger Verwundung gelenkt wird, mit denen besonders intensiv umgegangen werden muss. Dieses Buch kann ich all denen wärmstens empfehlen, die sich in den Dienst der Fürbitte für Kinder gerufen wissen. Es ist ein wertvolles Hilfsmittel für die, die Kinder freisetzen möchten.

Kapitel 7

Gebet um Segen und Heilung:
Besondere Nöte und Störungen

Gebet für das ungeborene Kind

Vom Augenblick der Empfängnis an kann dem ungeborenen Kind bereits Schaden zugefügt worden sein, besonders wenn es in einer Zufallsbegegnung, während einer inzestuösen Vereinigung, im Zorn oder bei einer Vergewaltigung gezeugt wurde. Wenn die Zeugung unter einem dieser Umstände stattfand, wurde höchstwahrscheinlich auch die Mutter emotional stark verletzt und das wird mit größter Wahrscheinlichkeit Auswirkungen auf das Kind haben. Die Angst der Mutter, ihr Zorn und ihr Schock können sich auf den Geist des Kindes übertragen und tiefen, emotionalen Schmerz auslösen. Bete gegen alle Folgeschäden und bitte den Herrn, seine Liebe und seinen heiligen Trost über dem Kind auszugießen und alle Angst und Verunsicherung von ihm wegzunehmen. Das Kind kann sich tief innen an seinem Geist wie ausgehungert fühlen und auch dieser Bereich braucht unser intensives Gebet. Der Heilige Geist Gottes, der Tröster, kann das Innerste des Kindes schon im Mutterleib berühren und den jungen Geist mit seinem Beistand und seiner göttlichen Wärme erfüllen.

Viele Kinder leben mit dem Gefühl der Ablehnung, durch die genannten Erfahrungen in ihrem frühen Lebensbeginn. Diese Kindern tragen sehr wahrscheinlich eine Wurzel des mangelnden Selbstwertes und der geringen Selbstachtung in sich. Mir hat es immer geholfen, wenn ich alleine oder gemeinsam mit der Mutter im Gebet die Wahrheit aus Psalm 139 in das Kind hineinsprach. Dort heißt es, dass der Herr uns schon vom Augenblick der Empfängnis an kennt und gerade dieser Gedanke kann wunderbar heilend auf beide, Mutter wie Kind, wirken.

In einer normalen Schwangerschaft sprechen Eltern liebevoll Worte der Annahme und Ermutigung über dem Kind im Mutterleib aus und sie bergen es in ihrer Liebe und der freudigen Erwartung der kommenden Geburt. Mutter und Vater können schon während der Schwangerschaft gegen jeden ihnen bekannten Schaden aus der Familienlinie und auch gegen Generationensünde anbeten. Ich füge im Anhang 1 ein entsprechendes Gebet aus der Erfahrung einer unbekannten Mutter bei. Es zeigt, wie man durch die neun Monate vor der Geburt des Kindes beten kann. Ich denke, vielen wird das eine große Hilfe sein. Sollte jemand den Ursprung des Gebetes kennen, würde ich gerne die Urheberin anerkennend nennen.

Gebet für sexuell missbrauchte Kinder

In diesem Zusammenhang brauchen wir immer zuerst einmal viel Zeit für das Kind selbst. Es muss reden, sich mitteilen und in Ruhe das Trauma des Missbrauchs in seinen eigenen Worten beschreiben dürfen. Vorher sollte nicht mit Gebet begonnen werden. Nur die Sicherheit einer tiefen Vertrauensbeziehung, das Wissen, dass ihm geglaubt wird, ermöglicht es einem Kind, wie jung oder alt es auch immer sein mag, die tiefen Bereiche seines innersten Wesens zu offenbaren.

Ein sexuell missbrauchtes Kind oder ein junger Mensch, der sexuell missbraucht wurde, hat unvermeidlich einen tiefen Schaden an seinem inneren Sein erlitten. Alle Gefühle befinden sich in heftigem Widerstreit gegeneinander. Wahrscheinlich leben sie in einer Gefühlsmischung aus Zorn, Schuld, Scham, Angst, Verwirrung. Fast immer empfindet das Kind dem Missbraucher gegenüber gespaltene Emotionen, denn diesen Menschen kennt es normalerweise sehr gut.

Die wahren Gefühle können nur in einer sicheren, liebevollen Atmosphäre der Annahme ausgedrückt werden und sicherlich muss ich hier die Bedeutung von äußerster Vertraulichkeit nicht besonders betonen. Es kann lange dauern, aber das Kind sollte eines Tages dahin kommen, den Weg der Vergebung dem Missbraucher gegenüber zu wählen. Das mag mehr Zeit brauchen als wir uns anfangs vorstellen. Wahrscheinlich werden diese Kinder einer ganzen Reihe von Menschen vergeben müssen: den Eltern, dass sie nicht erkannten, was da geschah; Gott, der nicht eingriff; und schließlich sich selbst, weil sie es geschehen ließen (obwohl sie selbst wohl kaum eine Wahl hatten).

Der sexuelle Akt wurde als eine von Gott vorgesehene Vereinigung geplant. In der Sicherheit der Ehe geschützt werden zwei Menschen ein Fleisch. Leider versucht Satan, das von Gott zum Guten Geschaffene zum Bösen zu benutzen. Auch in der ungöttlichen Vereinigung bleibt es doch die Verschmelzung zweier Menschen, wie alt oder jung sie auch sein mögen. Darum ist es nötig, im Gebet für Kinder oder Jugendliche im Zusammenhang mit sexuellem Missbrauch unbedingt alle Bindungen zwischen ihnen und dem Missbraucher zu zerbrechen.

Die meisten sexuell missbrauchten Menschen leiden an tiefer Scham und tragen immer das Gefühl mit sich herum, schmutzig zu sein. Bitte Jesus, zu kommen und sie im Wasser des Heiligen Geistes zu waschen, sie unter seinen himmlischen Wasserfall zu stellen und ihnen vollständige Reinheit zu schenken. Dem Alter des Kindes entsprechend müssen wir alle anwesenden dämonischen Geister in einer dem Kind angepassten und annehmbaren Sprache ansprechen. Zum Beispiel kannst du bei einem kleinen Kind Jesus bitten, alle bösen Dinge, die durch den Missbrauch auf es kamen, einfach wegzunehmen, während bei einem älteren Jugendlichen der dämonische Bereich direkter angesprochen werden kann. In jedem Fall musst du auf deine Wortwahl achten, den sowohl kleine Kinder als auch Jugendliche haben eine sehr lebhafte Vorstellungskraft. Der Feind weiß aber genau, was du meinst und er muss dir auf Grund deiner Autorität in Jesus gehorchen.

Durch den sexuellen Akt entsteht eine Verbindung von Körper, Seele und Geist. In einigen Fällen kann der Missbrauch so schlimm gewesen sein, dass eine Spaltung entsteht, wie ein Bruch, als würden der Körper und der Geist getrennt. Wirke da hinein und bete zum Herrn, er möge Geist, Seele und Leib der Person zusammenfügen und sie in einen Zustand völliger Wiederherstellung und Einheit führen.

Gebet für das angenommene oder adoptierte Kind

Es kann sein, dass das Kind, für welches du betest, ein Waisenkind ist, verlassen wurde oder es wurde als Folge einer sexuellen Sünde geboren. Vielleicht wurde es im Ehebruch empfangen und wenn es so war, können Belastungen und Schädigungen durch Sünde auf ihm liegen, die Bibelstelle 5. Mose 23, 3 kann auch als Fluch verstanden werden. Von diesen Auflagen sollte das Kind befreit werden. Wenn das Kind alt genug ist, um die Zusammenhänge zu verstehen und mit dem Wissen umzugehen, dann erkläre ihm, was du tust und warum, das wird ihm helfen. Ist es dazu noch zu früh, dann löse leise vor Gott in Bestimmtheit alle Bindungen, mit dem Wissen, dass er dich zum Wohl des Kindes erhört. Sehr häufig fehlen diesen Kindern die bergenden Schutzmauern, denn sie kamen bereits tief verwundet zur Welt. Höchstwahrscheinlich haben sie schon im Mutterleib oder kurz nach der Geburt Ablehnung wahrgenommen. Ernstliche Zurückweisung ist oft tief in das Herz eines adoptierten Kindes hineingeschrieben und es braucht den Herrn, um sein gebrochenes Herz zu heilen.

Diese Kinder kommen möglicherweise in den Teenagerjahren in eine Identitätskrise. Sie können den intensiven Wunsch entwickeln, ihre biologischen Eltern zu finden und setzen in dieser Zeit ihre Adoptiv- oder Pflegeeltern bis an die Grenzen unter Druck. Beim Thema Identität ist es gut und notwendig, in alle Verwirrung der kindlichen Gefühle hineinzubeten und die eigene Identität des Kindes zu stärken. Manchmal muss ein adoptiertes Kind regelrecht aus den Schatten herausgerufen werden, um seinen eigenen Platz zu finden. Seine wahre Identität kann es hinter großer Scham oder zum Selbstschutz versteckt haben.

Er oder sie kann eine hohe Leistungsorientierung entwickeln. Sie stehen unter dem Zwang, anderen zu genügen, um von ihnen akzeptiert zu werden und sie können in großer Furcht vor intimen Beziehungen leben. Wir müssen ihnen Entspannung, Vertrauen und Beziehungsfähigkeit ins Herz hineinsprechen. Und dann bete weiter – wie und wann du das als notwendig erkennst – damit innere Heilung und Befreiung in all ihren zurückgewiesenen Bereichen geschieht.

Gebet für den verwundeten Geist

Wenn ein Kind einen verwundeten Geist hat, muss man zuerst die Ursache der Verwundung herausfinden. Anders ausgedrückt: Suche die Wurzel. Wenn beispielsweise ein Kind unter einem zerbrochenen Geist leidet, wird man versuchen, in der Gesprächszeit herauszufinden, wie und warum es dazu kommen konnte. Die Eltern des Kindes können sehr streng, kontrollierend und ablehnend gewesen sein. Als Ergebnis davon kann das Kind an seinem Geist zerbrochen und verwundet worden sein. In diesem Fall wirst du die ungöttlichen Bindungen zu den Eltern brechen müssen und dann Trost und Stärkung durch den Heiligen Geist dem Geist des Kind betend zusprechen. Nimm dir viel Zeit, um den Geist des Kindes aufzubauen und zu nähren und lehre es, wie der Sinn erneuert wird und wie man seine Gedanken an Jesus abgibt.

Wenn das Kind einen gefangenen Geist hat, wird es wiederum nötig sein, die Wurzel zu suchen. Möglicherweise erlitt es schon im Mutterleib ein sehr schwieriges Trauma und das führte zu einem gebundenen und gefangenen Geist. Wirke in diese Bereiche hinein, unter der Leitung des Heiligen Geistes und versorge und nähre den kindlichen Geist. Für mehr Hilfe auf diesem Gebiet möchte ich auf mein Buch „Der menschliche Geist“ (cap-books 52 50411) verweisen.

Gebet in verschiedene Problemzonen

Dyslexie (Buchstabenblindheit/Probleme beim Lesen und Verstehen von Wörtern)

Bei Kindern, die an Dyslexie leiden, scheint eine Kommunikationsverwirrung vorzuliegen und einer der Schlüssel, die du vielleicht ausprobieren möchtest, ist Folgender: Hebe den Fluch der „Wortblindheit“ aus der Generationenlinie von diesem Kind ab. Wenn das Kind alt genug ist, kann auch die Notwendigkeit bestehen, Buße zu tun über „Blindheit“ dem Wort Gottes gegenüber durch die Generationen.

Körperliche Störungen

Bevor man gegen körperliche Beschwerden eines Kindes betet, gilt es herauszufinden, ob diese Beschwerden wirklich nur körperlich sind oder ob sie einen emotionalen oder geistlichen Hintergrund haben. Erbitte die Unterscheidung Gottes, ob Geister der Schwächung beteiligt sind und sprich sie, falls das so ist, mit angemessenen Worten an.

Wenn jedoch eine offensichtliche Notwendigkeit für Gebet um körperliche Heilung vorliegt, dann nimm all deinen Mut zusammen und gehe für das Kind im Gebet vorwärts im Glauben. Der Herr hat ein Herz voller Mitleid und sehnt sich danach, solche Gebete zu beantworten. Einmal rief eine Lehrerin einen kleinen Jungen aus ihrer Klasse nach vorne ans Pult und ließ ihn vorlesen. Beide Hände des Jungen waren mit Warzen bedeckt und er schämte sich wegen dieses peinlichen Anblickes. Normalerweise versteckte er die Hände in den Hosentaschen. An jenem Tag jedoch legte er sie unbedacht auf das Pult, während er las. Die Lehrerin empfand ein solches Mitleid mit ihm, dass sie seine Hände sanft berührte und Jesus bat, sie zu heilen. Am nächsten Tag waren die Hände vollkommen glatt. Er war total begeistert und erzählte seinen Freunden: „Das ist ein Wunder – die Warzen sind in der Nacht verschwunden!"

Anorexie und Bulimie (Magersucht und Ess-Brechsucht)

Hier geht es um ein komplexes Gebiet, das eine hohes Maß an Unterscheidung erfordert, was die Wurzel der Störungen betrifft, bevor man zu beten beginnt. In der Zeitung *The Times* wurde am 28. November 1997 ein Artikel über die Arbeit von Dr. Dee Dawson (Medizinische Direktorin der Rhodes Farm Klink in Nord London) veröffentlicht. Sie behandelt Kinder mit Esstörungen, was die Lektüre sehr interessant machte. Sie erkannte, dass Essüchtige häufig fast zwanghafte Perfektionisten sind, die ihre Arbeiten so lange wieder zerstören, bis sie wirklich vollkommen zufrieden sind. Dr. Dawson gibt die Schuld an vielen Esstörungen den Diäten mit niedrigem Fettanteil, dem modernen Zwang zu übertriebenen sportlichen Leistungen und dem Trend zu vegetarischer Ernährung. Sie glaubt nicht an einen Zufall, wenn 80% ihrer Patienten Vegetarier sind. Dies soll Vegetarier nicht anklagen, sondern darauf hinweisen, dass es bei Esstörungen um ein sehr komplexes Thema geht.

Es gibt viele und unterschiedlichste Gründe für diese Erkrankungen und folgende Auslöser fand ich recht verbreitet: Perfektionismus, Schuld, Schock, überzogene Leistungserwartung, Versagensangst, Rebellion und Kontrolle. Und wieder, wie bei allen anderen Anlässen zum Beten, müssen wir besonders sorgfältig die Wurzeln ausgraben. Zum Beispiel baten zwei Mädchen um Gebetsdienst, beide wegen ihrer Magersucht. Bei einem der Mädchen entwickelten sich die Esstörungen in den Teenagerjahren, weil sie unter keinen Umständen zur Frau werden wollte. Der Grund lag darin, dass der Gedanke an Geschlechtsverkehr sie ängstigte, denn als ganz kleines Mädchen wurde sie zum Zuschauen gezwungen.

Die Geschichte des anderen Mädchens habe ich bereits erwähnt. Sie wurde gezwungen, Reisbrei zu essen, obwohl es ihr immer schlecht davon wurde. Sie vergaß diesen Vorfall nie und der Hass auf ihren Vater erweiterte sich zu einem Hass auf Nahrung überhaupt. Erst als das begleitende Ehepaar die Situation durchschaute, begann der Gebetsdienst Wirkung zu zeigen. Es wäre vollkommen zwecklos gewesen, für das erste Mädchen genau so zu beten wie für das Zweite, denn die speziellen Wurzeln mussten jeweils erkannt und ganz spezifisch behandelt werden.

Gebet um Befreiung

Im Befreiungsdienst ist es ganz wichtig, dem Kind und den Eltern zuzuhören: Was ist das Problem, wann begann es und litt irgend jemand anderes in der Familie, heute oder in der Vergangenheit, in ähnlicher Weise? Ganz unerlässlich ist es auch hier, auf den Heiligen Geist zu hören. Wenn ein kleines Kind mit seinen Eltern kommt, sollten diese eingebunden und über die Vorgehensweise informiert werden. Wenn du für ein älteres Kind betest, kannst du es fragen, wie es sich in der gemeinsamen Zeit fühlt. Beobachte die Körpersprache der Eltern und des Kindes und wie sie untereinander in Beziehung stehen. Unterscheide genau, was da passiert und vergiss nie, um Schutz für das Kind und seine Familie und um Schutz für dich selbst und deine Familie zu beten. Binde den Feind in einer Wortwahl, die dem Alter des Kindes entspricht und bitte Jesus, die schlimmen Dinge, die für Albträume, ungute Gedanken, schlechte Gefühle usw. verantwortlich sind, von dem Kind wegzunehmen

Ich denke an einen kleinen Jungen, den seine Mutter zum Gebet zu mir brachte. Seine schrecklichen Ängste konzentrierten sich auf die Möglichkeit, Mama und Papa könnten einen schlimmen Unfall haben. Wir verbrachten viel Zeit im Gespräch über diese Angst, wann sie begonnen hatte und wie sie sich anfühlte. Letztlich fanden wir heraus, dass die Angst sowohl emotional als auch dämonisch gesteuert wurde und so sprachen wir mit ihm über Jesus, der seine Mama und den Papa beschützt. Im Gebet baten wir Jesus, alle Angst und was dem Jungen sonst noch Not bereitet, von dem Kind zu nehmen. Später, als er wieder zu Hause war, sagte er seinen Eltern: „Ich werde mich nicht mehr um euch sorgen, denn ich weiß, dass Jesus euch beschützt." Sowohl das Emotionale als auch das Dämonische waren sehr einfach erledigt worden und der Herr erhörte das unschuldige Gebet für ein Kind. Wenn wir einen Befreiungsdienst beenden, müssen wir immer noch daran denken, Jesus zu bitten, das Kind mit seinem Heiligen Geist zu füllen. Bei sehr kleinen Kindern würde ich lieber während sie schlafen um Befreiung beten.

Gebet der Errettung für Kinder in unserer Obhut

Ob Lehrer in den Schulen, Kindermitarbeiter in der christlichen Gemeinde, Jugendarbeiter oder andere Menschen, deren Obhut Kinder anvertraut sind – sie alle nehmen eine höchst wichtige Rolle im Leben der von ihnen betreuten Kinder ein. Ihr Gebet in unterschiedlichsten Situationen kann viel für die Kinder tun. Und doch gilt es zu beachten: Während wir uns der erlittenen Schäden der Kinder bewusst sind und auch der Notwendigkeit, in Fürbitte für Kinder einzutreten, müssen wir doch immer wissen, dass die erste Priorität das **Gebet um ihre Errettung** ist. Machen wir uns klar, dass das Alter der Eigenverantwortlichkeit wahrscheinlich viel früher beginnt als wir oft denken und dass Kinder Jesus bereits in ganz frühen Jahren in ihr Leben aufnehmen können. Lehre sie ganz einfach die biblischen Wahrheiten. Erzähle von Gott, Sünde, Jesus und Errettung. Wenn du seelsorgerlich über Errettung sprichst, dann wähle deine Worte so verständlich wie möglich. Tausche dich mit den Kindern aus, predige sie nicht an. Manchmal ist es wirkungsvoller, nur einen Bibelvers zu verwenden und dessen Wahrheit in das Kinderherz zu legen. Das ist besser als mehrere Verse, die oft eher verwirren. Kinder lieben Lieder, Anspiele, darstellende Hilfen und Quizwettkämpfe. Ermutige Kinder zur Stellungnahme. Biete ihnen ohne jeden unangebrachten Druck ein Gebet für ihre Errettung an. Und vergiss nicht, auch für Erfüllung mit dem Heiligen Geist zu beten.

Und dann solltest du eine geeignete Person finden, die das neue Leben gerne weiter nährt. Kinder bleiben Kinder, das muss man immer wissen. Erwarte nicht zu viel, aber beobachte das weitere Wachstum im geistlichen Leben der Kleinen und fördere es, wo immer möglich. Es wäre vielleicht gut, wenn einige der älteren Mitglieder unserer Gemeinde sich zusammenfänden, um regelmäßig für jedes Kind der Gemeinde oder alle Kinder im Kindergottesdienst zu beten. Die Eltern oder Lehrer im Kinderdienst könnten Informationen und spezielle Anliegen weiterleiten, damit die Gebetsgruppe gezielt und verständig beten kann. Ich denke in diesem Zusammenhang an einen Jungen, der ständig in der Schule eingeschüchtert wurde. Das änderte sich schlagartig, als der „Senioren-Gebetsbeistand" informiert war und sich vollmächtig an die Arbeit machte. Wenn jedes Kind erst unter Gebetsabdeckung steht, dann wird Gott das ehren, denn wir nehmen die Ermahnung seines Sohnes ernst:

> *Lasset die Kinder zu mir kommen und wehret ihnen nicht, denn solchen gehört das Reich Gottes.*
>
> Lukas 18, 16

Sei bereit, für Kinder zu beten (mit der Zustimmung der Eltern), wenn die Notwendigkeit für Heilungsgebete auftaucht oder für eines der anderen oben besprochenen Themen wie Missbrauch, Adoption, Befreiung, geistige oder emotionale Schmerzen.

Ein Gebet für Kinder in deiner Obhut

Es folgt nun ein Gebet, das ich manchmal für Kinder in meiner Verantwortung bete, entweder als Elternteil, Lehrerin in der Sonntagsschule, Grundschullehrerin oder Jugendarbeiterin. Gewöhnlich bete ich dies nicht in Gegenwart der Kinder:

> *„Herr Jesus, wir sind in deiner Gegenwart. Sei willkommen, Heiliger Geist. Wir danken dir für die Kinder, die uns anvertraut sind. Wir stehen um ihretwillen vor dir. Wir danken dir für die gottgewollte Gemeinschaft, die wir mit ihnen haben. Wir bitten dich jetzt, dass durch das kraftvolle Wirken des Heiligen Geistes die Kinder gefunden werden, wo immer sie sind; und dass die Schäden von ihnen weggenommen werden, die der Feind auf sie laden konnte. Wir treten in den Riss und benennen jede Verletzung, jeden Schmerz und jede Sünde, die ihnen angetan wurden durch andere Menschen. Wir erbitten für die Kinder, dass Vergebung und Reinigung geschieht. Wir ergreifen unsere Autorität in Christus und binden jeden Feind in ihrem Leben, besonders im Leben von..........(Name). Wir bitten dich, himmlischer Vater, entferne die Fußspuren des Feindes und gieße deinen Segen über ihnen aus. Und jetzt bitten wir dich, bringe in unsere Gedanken alle besonderen Nöte, für die wir beten müssen, in Jesu Namen."*

(An dieser Stelle würde ich nun auf Weisung des Heiligen Geistes warten und den Worten der Erkenntnis und Weisheit entsprechend beten.)

Kapitel 8

Gebet um Segen und Heilung: Die Macht der Familiendynamik

Bis zu dieser Stelle haben wir betrachtet, auf welche Weise ein Kind als einzelnes Wesen verletzt oder verwundet werden kann und warum es so großen Schaden dadurch nimmt. Auch wenn wir für ein einzelnes Kind beten, ist es unabdingbar wichtig, daran zu denken, dass es immer noch Teil einer viel größeren Lebensstruktur ist. Dessen muss man sich bewusst sein, gerade auch dann, wenn die weitere Vorgehensweise geplant wird. Es ist für ein Kind keine wirkliche Hilfe, es an einen geschützten Ort der Heilung zu bringen und es dann wieder in die unveränderte Familiengemeinschaft zurückzusenden, die zu den Verletzungen und Schmerzen, von denen das Kind gerade frei wurde, beigetragen hat.

Was für Einzelpersonen gilt, gilt auch für die Familie: dass nämlich unser Feind, der Satan, versucht, auch hier zu rauben und zu zerstören und Schaden anzurichten. Neu ist das nicht. Denn ganz von Anfang an war er darauf aus, die Familie anzugreifen und zu vernichten. Die Geschichte von Adam und Eva und ihren beiden Söhnen Kain und

Abel zeigt das bereits. Diese erste Familie wurde von Satan zerstört und vernichtet: ein Sohn wurde ermordet, der andere Sohn wurde zum Mörder. Gott selbst hatte Kain gewarnt, dass *„die Sünde vor der Tür lauert"* (1. Mose 4, 7), Kain jedoch missachtete Gottes Warnung und stürzte sich kopfüber in die Sünde.

In der Familientherapie werden eine ganze Reihe von Situationen betrachtet, die selbst eine gut funktionierende Familieneinheit schädigen können und es ist interessant zu sehen, wie viele dieser Vorgänge auch in der Heiligen Schrift benannt sind. Einige dieser Probleme können zum völligen Zusammenbruch der zwischenmenschlichen Beziehungen führen. Zum Beispiel: Ehekonflikte, Geschwisterrivalität, Familienstreit, Zank und „Einer ist der Sündenbock für alle". Die Schrift ist voller Geschichten über Schmerz und Verwundungen und sie beschreiben uns bestens, wie diese Dynamik sich in den Familien aufbaut.

Als ein Beispiel können wir die Berichte von Abraham, Sara und Isaak aus 1. Mose, Kapitel 16-21 heranziehen, denn darin wird die Geschichte von Sara, Hagar und ihren beiden Söhnen Isaak und Ismael erzählt. Zwei Kinder von verschiedenen Müttern und einem Vater – das ist bis heute das Rezept für Konflikte und Schwierigkeiten, wenn keine sachliche Auseinandersetzung stattfindet. Es entbrannte heftige Eifersucht zwischen den beiden Frauen und das kann auch in unseren modernen „Patchwork-Familien" passieren. Dann entsteht eine geladene Atmosphäre aus Ablehnung, Verlassenheit, Zurückweisung, Zorn, Kummer und Angst.

Würde man hier für einen „Ismael" beten und ihm seelsorgerlich dienen und ihn dann in die gleiche Familienatmosphäre zurückschicken, könnte das eine totale Katastrophe begünstigen und all das gute Gebet wäre umsonst gewesen.

In 1. Mose, Kapitel 24-28 geht es weiter. Hier ist die Rede von den Familienproblemen bei Isaak und Rebekka, mit allen Spielarten an eingebauten Familienkonflikten. Die Mutter, die ihren jüngsten Sohn vorzog, hat die Auseinandersetzung zwischen Jakob und Esau noch angeheizt. Sie ermutigt ihren Liebling Jakob, den Vater zu betrügen und so zu versuchen, an dessen Segen zu kommen. Hier haben wir also eine Familie, in der die Ehefrau ihren Mann betrügt, der jüngere Sohn den Vater betrügt und der älteste Sohn zornig wird und sich letztlich von der Familieneinheit trennt. Wir erkennen die Isolation des einen wie des anderen Ehepartners. Bevorzugung ist ebenso am Werk wie Betrug. Eine Frau, für die wir beteten, war eine inzestuöse Beziehung mit ihrem ältesten Sohn eingegangen. Keine sexuelle Bindung, vielmehr handelte es sich um einen emotionalen Zusammenschluss. Das reichte für die zerstörende Wirkung auf die ganze Familie aus. Nur für den Sohn zu beten, ohne sich um die Familiendynamik zu kümmern, wäre vollkommen unwirksam geblieben, da sich die Situation, in die er zurückkehren würde, nicht verändert hatte.

Im Bereich des Familienkonflikts erhellt auch die Geschichte von Jakob, Rahel und Lea die Zusammenhänge (1. Mose, Kapitel 29-35). Hier sehen wir ein Musterbeispiel für eheliche Unstimmigkeit, in einem Haus, in dem der Ehemann eine seiner Frauen (Rahel) der anderen (Lea) vorzieht. Glücklicherweise leben wir heute in einer monogamen Gesellschaft, aber man kann die gleiche Dynamik beobachten, wenn ein erster Ehepartner sich von einer Geliebten oder von einem zweiten Partner verdrängt fühlt. Sehr häufig kommt es zu unbeherrschbarer Eifersucht und

Rivalität zwischen den Beteiligten und allen ihren Sprösslingen.

In 1. Mose, Kapitel 37-47 hören wir von einem eigentlich ganz modernen Fall. Ein Mensch wird zum Sündenbock gemacht. Der Konflikt bei Joseph und seinen älteren Geschwistern dreht sich um die Eifersucht der Brüder auf den jüngsten, vom Vater bevorzugten Sohn. Joseph wurde offenbar sehr verwöhnt und der Vater verschärfte die Situation noch, als er Joseph einen wundervollen, leuchtend bunten Rock kaufte. Zum Schluss siegte die Eifersucht und die Brüder zwangen Joseph, allen Schmerz und allen Frust der Familie auf seinen Schultern zu tragen. Er wurde zum Sündenbock.

Es wäre sehr unweise, für den Sündenbock einer Familie zu beten, ohne sich der Familiendynamik bewusst zu sein. Denn die Bevorzugung wird, wenn sie nicht angesprochen wird, weiterhin Anlass zu einer bestimmten Hackordnung geben und die Ablehnung wird weiter Wurzeln schlagen. Das „schwarze Schaf der Familie“ wird immer in der Schusslinie bleiben.

König David und seine Familie ist auch sehr interessant und es lohnt sich, sie einmal zu beobachten. Die persönliche Dynamik zwischen König David, dem Vater, und seinem Sohn Absalom offenbart uns eine Menge über das Miteinander von Mensch zu Mensch. Hier haben wir eine Situation wie aus unseren Tagen. Ein Sohn versucht, die Autorität des Vaters an sich zu reißen. Auch die Betrachtung der Beziehung zwischen David und seinen anderen Kindern bringt uns in der Einsicht weiter. Zum Beispiel hatten Amnon, Davids Sohn und Tamar, seine Tochter, ein inzestuöses Verhältnis und auch der Umgang zwischen Absalom und Amnon ist sehr fragwürdig. Tatsache ist, dass letztlich ein Bruder den anderen ermordete! Sie könnten alle zusammen wahrlich als gestörte Familie bezeichnet werden.

In unseren heutigen Familien herrscht häufig kalter Hass unter den Geschwistern. Man findet sexuellen Missbrauch und Rebellion gegen die Eltern. Ein Kind heimzuschicken, in eine derartige Atmosphäre, ohne die Situation zu erkennen, ist nicht nur kurzsichtig, sondern kann eindeutig zu massiv schädigenden Auswirkungen führen.

Wir wissen, dass wir an einem einzelnen Kind als individuelle Person in der Seelsorge Gutes erreichen können. Um eine bleibende Wirkung zu erzielen, muss man jedoch die Familiendynamik, in der das Kind lebt, mit im Auge behalten. Es hilft immer festzustellen, ob ein Sündenbocksystem läuft oder ob ungelöste eheliche Probleme vorliegen. Wie sieht es mit Geschwisterrivalität und den übrigen zwischenmenschlichen Beziehungen aus? Sind diese Beziehungen gesund? Manchmal hat es mir geholfen, ein Familienarbeitsblatt zu erstellen, damit ein klares Bild entsteht, aus dem man die Situation der Familie (aus der das Kind kommt und in die es zurückkehren wird) ablesen kann. Mit dieser Kenntnis werden wir dann mit Durchblick beten und die Familie wie auch das Kind so weit wie möglich auf zukünftige Gesundheit und gemeinsames Wohlergehen vorbereiten. Im Anhang findest du eine Kopie des Arbeitsblattes, zu deiner Unterstützung.

Mit einem bestimmten Kind zu beten und gleichzeitig am Familienverband zu arbeiten – das wird nicht nur das Kind freisetzen, sondern es ihm ermöglichen, auch zukünftig in Freiheit zu leben. In jener Freiheit, für die Jesus starb und die er auch den Kindern schenken möchte. Der Herr hat ein Herz für seine Kleinen und die Einladung,

„*die Kindlein zu mir kommen zu lassen*“, gilt noch immer. Doch es stellt sich die Frage: „Wer wird sie ihm bringen?“ Ich bitte Gott, dass er die Leser dieses Buches inspiriert, in der Suche nach den Verlorenen zu wachsen und nicht nachzulassen, egal, wie jung oder zerbrochen diese Kinder auch sein mögen.

Anhang 1

Gebete einer Mutter

Gedanken und Worte für ihr Baby im Mutterleib

Empfängnis

> *„Der Herr hat mich berufen von Mutterleibe an; er hat meines Namens gedacht, als ich noch im Schoß der Mutter war."* Jesaja 49, 1

Höre Gott deinen Namen rufen; er hat dich erwählt.

Erster Monat

> *„Denn du hast mich gebildet im Mutterleib."*
> Psalm 139, 13

Seine Gegenwart bedeck dich in deiner Mutter Leib.

Zweiter Monat

> *„Ich kannte dich, ehe ich dich im Mutterleibe bereitete und bestellte dich zum Propheten für die Völker.“* Jeremia 1, 5

Gott bestätigt dich und freut sich über deine geschlechtliche Identität.

Dritter Monat

> *„Ich danke dir dafür, dass ich wunderbar gemacht bin.“* Psalm 139, 14

Preis sei dir, Herr, für das Wunder deiner Schöpfung.

Vierter Monat

> *„...vor Gott, der alle Dinge lebendig macht.“*
> 1. Timotheus 6, 13

Gott belebt dich, er schenkt dir das Leben. Danke, Herr!

Fünfter Monat

> *„Furcht ist nicht in der Liebe, sondern die vollkommene Liebe treibt die Furcht aus.“*
>
> 1. Johannes 4, 18

Wenn du die Ängste deiner Mutter spürst, empfange jetzt Heilung. Dank sei Gott für deine Mutter, und das Leben und die Nahrung, die du durch sie empfängst.

Sechster Monat

> *„...da hüpfte das Kind vor Freude in meinem Leibe.“* Lukas 1, 44

Vom Kopf bis zu den Zehen wirst du mit schützendem Öl gesalbt (Vernix caseosa) und auch geistlich bist du gesalbt.

Siebter Monat

> *„Es war dir mein Gebein nicht verborgen, als ich im Verborgenen gemacht wurde, als ich gebildet wurde unten in der Erde.“* Psalm 139, 15

Mitten in diesem Monat werden alle deine Körperteile vollendet sein. Gott bereitet dich auf deine Geburt vor.

Achter Monat

> *„Du wirst auf dem Arm getragen werden, und auf den Knien wird man dich liebkosen.“* Jesaja 66, 12

Hier ist Gottes Gegenwart; er macht dich und deine Mutter für den Geburtsvorgang bereit.

Neunter Monat

> *„Eine Frau, wenn sie gebiert, so hat sie Schmerzen, denn ihre Stunde ist gekommen. Wenn sie aber das Kind geboren hat, denkt sie nicht mehr an die Angst um der Freude willen, dass ein Mensch zur Welt gekommen ist.“* Johannes 16, 21

Während du den dunklen Geburtskanal verlässt, zieht dich Jesu zu sich in sein Licht. Er bringt dich zur Welt, wäscht dich ab und zeigt dich seinem Vater.

Anhang 2

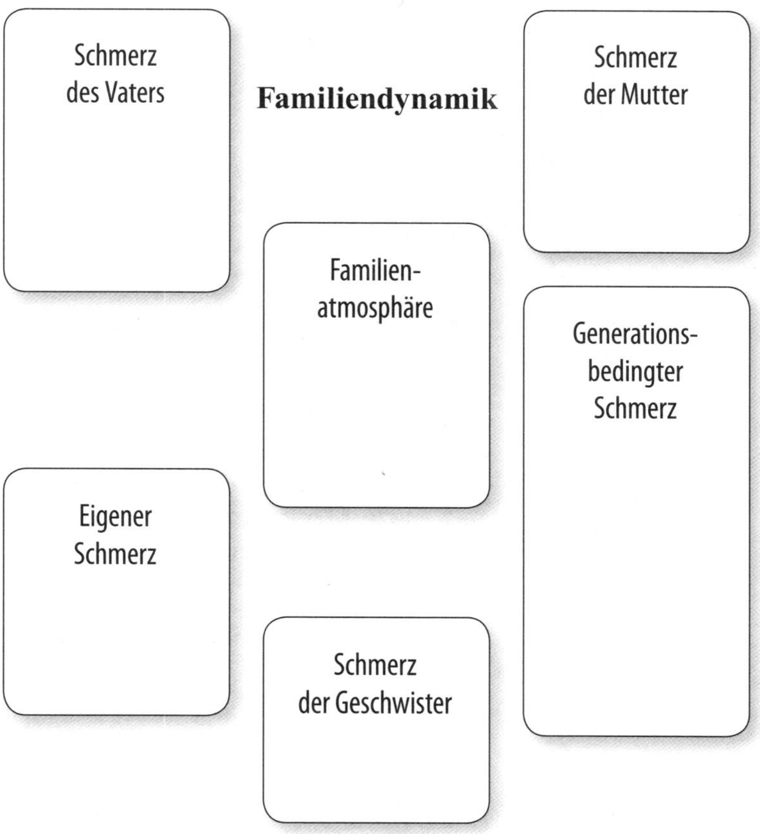
Schmerz des Vaters
Familiendynamik
Schmerz der Mutter
Familien-atmosphäre
Generations-bedingter Schmerz
Eigener Schmerz
Schmerz der Geschwister

Peter Horrobin

Das stärkste Gebet der Welt

Viele Menschen haben im Herzen bittere Wurzeln, oft bewusst, manchmal unbewusst, denn wirklich vergeben und loslassen, das fällt uns Menschen schwer. Sich selbst und andere in die Freiheit der Vergebung zu entlassen – davon spricht dieses Buch.

„Herr, vergib mir und ihnen“ – das ist eines der stärksten Gebete. Jesus hat es uns vorgelebt und im Vaterunser bekräftigt. Lassen Sie sich von den Inhalten dieses Buches ansprechen, es kann Ihr Leben entscheidend verändern!

Bestell-Nr.: 52 50412
ISBN 978-3-938324-85-1

Unsere Bücher erhalten Sie in jeder christlichen Buchhandlung oder direkt beim Verlag.